"中国劳模"系列丛书

匠心独具的"钢铁人"
陶柏明

赵明之　陶可人◎著

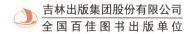

吉林出版集团股份有限公司
全国百佳图书出版单位

图书在版编目（CIP）数据

匠心独具的"钢铁人"：陶柏明／赵明之，陶可人
著. -- 长春：吉林出版集团股份有限公司，2024.3
（"中国劳模"系列丛书／徐强主编）
ISBN 978-7-5731-3239-0

Ⅰ.①匠… Ⅱ.①赵… ②陶… Ⅲ.①陶柏明－传记
Ⅳ.①K826.16

中国国家版本馆CIP数据核字（2024）第012281号

JIANGXIN-DUJU DE "GANGTIE REN"：TAO BOMING

匠心独具的"钢铁人"：陶柏明

出 版 人	于　强	
主　　编	徐　强	
著　　者	赵明之　陶可人	
组稿统筹	东北师范大学文学院创意写作研究中心	
责任编辑	王丽媛	
助理编辑	张碧芮	
装帧设计	刘美丽	

出　　版	吉林出版集团股份有限公司	
发　　行	吉林出版集团社科图书有限公司	
地　　址	吉林省长春市南关区福祉大路5788号　邮编：130118	
印　　刷	唐山富达印务有限公司	
电　　话	0431-81629711（总编办）	
抖 音 号	吉林出版集团社科图书有限公司　37009026326	

开　　本	710 mm×1000 mm　1／16	
印　　张	9	
字　　数	95 千字	
版　　次	2024 年 3 月第 1 版	
印　　次	2024 年 3 月第 1 次印刷	

书　　号	ISBN 978-7-5731-3239-0	
定　　价	45.00 元	

如有印装质量问题，请与市场营销中心联系调换。0431-81629729

序 言

　　劳动创造财富，劳动创造幸福，劳动创造未来。习近平总书记在2020年全国劳动模范和先进工作者表彰大会上的讲话中指出："全社会要崇尚劳动、见贤思齐，加大对劳动模范和先进工作者的宣传力度，讲好劳模故事、讲好劳动故事、讲好工匠故事，弘扬劳动最光荣、劳动最崇高、劳动最伟大、劳动最美丽的社会风尚。"当今世界，综合国力的竞争归根到底是科技人才和高素质劳动者的竞争。改革开放以来，我们强大的工人队伍用辛勤的劳动和拼搏奉献的精神推动中国制造、中国智造、中国创造走向世界的前列，新时代的中国面貌日新月异。大力弘扬劳模精神、劳动精神、工匠精神，加强高素质技能人才队伍建设，打造一支宏大的知识型、技能型、创新型劳动者队伍，是伟大时代赋予我们的历史责任。

　　劳动模范是民族的精英、人民的楷模，是共和国的功臣。自改革开放以来，广大职工勇立改革潮头，独立自主，奋发图强，勇于创新，其中涌现出一批批全国劳模和大国工匠。他们参与建设了代表中国高度、中国速度、中国深度的一系列重大工程，提升了国家实力，打造了"中国名片"，树立了"中国品牌"，增添了"中国力量"，充分释放出工人阶级的创新活力，展示出大国工匠的强大创造力。他们以工人阶级的满腔热忱在各自平凡的工作岗位上取得了辉煌的成绩，书写了新时代的壮丽篇章。

爱岗敬业、争创一流、艰苦奋斗、勇于创新、淡泊名利、甘于奉献的劳模精神，崇尚劳动、热爱劳动、辛勤劳动、诚实劳动的劳动精神和执着专注、精益求精、一丝不苟、追求卓越的工匠精神，是广大劳动群众在社会生产实践中锤炼形成的弥足珍贵的精神财富，是工人阶级伟大品格的具体体现，是民族精神和时代精神的生动诠释。民族复兴需要劳动模范，祖国强盛需要大国工匠，中国制造、中国智造、中国创造更需要大国工匠的强有力支撑。劳模、工匠等的成长故事、先进事迹中承载的劳模精神、劳动精神和工匠精神，是激励全国各族人民团结奋斗、勇往直前的强大精神力量。

"中国劳模"系列丛书，采用图文结合的方式，讲述全国劳模、大国工匠和先进工作者们的成长经历及他们追梦、筑梦、圆梦的故事，用他们在平凡岗位上创造不平凡业绩的真实故事感染读者，推动形成劳动最光荣、劳动最崇高、劳动最伟大、劳动最美丽的社会风尚，引导广大技术工人和青少年形成劳动光荣、技能宝贵、创造伟大的观念。

"匠心筑梦，强国有我。"新时代是一个万象更新、生机勃勃的时代，也是一个继往开来、创新创业和建功立业的大时代。希望广大读者能以劳动模范为榜样，以大国工匠为楷模，立志技能报国、技术强国，踔厉奋发，勇毅前行，锤炼思想品格，汲取劳动智慧，勇于担当、勤于钻研、甘于奉献，为推进新型工业化和乡村振兴，为加快建设制造强国、质量强国、航天强国、交通强国、网络强国、数字中国、农业强国，全面建设社会主义现代化国家贡献青春力量。

中华全国总工会副主席（兼）

中国航天科技集团有限公司第一研究院

211厂14车间高凤林班组组长

2022年11月

陶柏明，1967年10月生，中共党员，高级技师，现为柳钢集团工匠学校执行校长。

1987年，陶柏明进入柳州钢铁厂（广西柳州钢铁集团有限公司前身）工作。他的职业生涯从一名火车皮清扫工开始。他在平凡的岗位上耕耘不辍，身体力行，做到了干一行爱一行。一路走来，他从皮带工、机动顶岗工、配煤工、班组长，到车间副主任、车间党支部书记、厂工会副主席、柳钢集团工匠学校执行校长，他的职业轨迹印证了一句话：在平凡的岗位上依然可以成就不平凡的事业。

2012年4月，陶柏明由于工作出色，被中华全国总工会授予全国五一劳动奖章。2014年国庆节，恰逢中华人民共和国成立65周年，陶柏明光荣地成为广西唯一的先进模范代表，与来自全国各地的国家级劳动模范一起，参加了庆祝中华人民共和国成立65周年系列活动。

陶柏明在他热爱的事业中，几十年如一日地奋斗着。他立足岗位，不断取得创新成果；他持续总结日常的管理经验，在写作和演讲上也取得了优秀的成绩；他带头创立的三个突击队，不仅在工作上屡创佳绩，也在抗洪抢险中不负众望，英勇完成任务。陶柏明的榜样是雷锋和全国劳模许振超，他在榜样的指引下前进，而在别人眼中，他早已成了新的榜样。

目　录

| 第一章　"劳模基因"的传承 // 001

陶家湾的家风传承 // 003

在煤场种下吃苦耐劳的种子 // 005

在焦化厂筑起艰苦奋斗的基石 // 009

来自父亲的熏陶 // 012

立志成"柏"，报效祖国 // 014

| 第二章　始于梦想，不负青春 // 019

自创学习方法的初中生 // 021

学生时代的两个梦 // 023

"读书狂人" // 027

| 第三章　金牌工人 // 031

听见柳钢的声音 // 033

进入柳钢 // 036

在平凡的岗位上绽放 // 039

配煤专家的诞生 // 045

第四章	在管理岗位上 // 049
	抗洪抢险保生产 // 051
	安全管理有良方 // 055
	屡破卸车纪录的先进班 // 060
	三个突击队的力量 // 066
	把柳钢精神带到首都去 // 075
	职工最信赖的"娘家人" // 081
第五章	行业典范的榜样力量 // 085
	成为"五小"改善达人 // 087
	成为在岗班组长写书第一人 // 094
	成为企业高级内训师 // 100
	成为新时代工人演讲家 // 105
	学习榜样，成为榜样 // 109
第六章	卓越背后的故事 // 113
	学而致知，行而致远 // 115
	学习、提炼和总结 // 120
	家人是最温暖的支撑 // 127
结束语 // 132	

 第一章 "劳模基因"的传承

陶家湾的家风传承

　　1967年10月4日，在湖南祁阳石洞源，陶柏明①出生了，来自这个世界的爱如持久的光源，照耀着崭新的生命。

　　陶柏明的父亲叫陶世顺，出生于1930年，母亲叫邓香莲，出生于1937年，他们都是农民。父亲成年后跟着村里人从湖南永州挑盐到广西贺州，赚点儿脚夫钱。碰到陶柏明的外婆招女婿，父亲就上门去应招。父亲英俊帅气，得到了母亲的认可。母亲瓜子脸，是典型的秀美人。跟母亲结婚后，父亲带着母亲回到湖南村里。父母结婚后很快就有了陶柏明的大姐和大哥，接着陶柏明也来到了这个世界。

　　陶柏明的老家在湖南省祁阳市潘市镇石洞源陶家湾村，这里风景宜人且冬暖夏凉。村旁有山，山上郁郁葱葱，竹子和杉树相映生长，鸟儿在林中嬉戏。自古以来，陶家湾就是个人杰地灵的地方。

　　陶家湾人的先祖是陶以山。相传，陶以山是浙江会稽举人，于明洪武二年（公元1369年）由衡州推官升任祁阳县令。陶以山

――――――――――

　　① 陶柏明，原名陶白明，因其小学四年级时老师建议他改"白"为"柏"，意为长成参天大树，报效祖国。为便于读者阅读，全书统一使用"陶柏明"。

的先祖是东晋的陶侃。陶侃原是鄱阳郡人，后陶侃家迁居庐江郡寻阳县。陶侃虽然出身寒门，但他刻苦奋斗，成为一代名将。

陶侃聪明谨慎又勤俭，处理检查军府内各项事务，不允许有任何疏漏，从来没有丝毫的懈怠。这就是"陶侃惜阴"的故事。这个故事也影响了陶柏明，他珍惜时间，刻苦努力，不负韶华。

"陶侃运甓"的故事也广为流传，说的是陶侃在州府无政事时，总是早上将百块砖搬到书房外，晚上再运到书房内。别人问他原因，他回答说："我正在致力收复中原，过分优游安逸恐怕不能担当大任。"这个故事也影响了作为陶家后人的陶柏明，年幼的他也把习武强身作为爱好。2009年，因为几十年坚持习武，陶柏明成为柳州市武术协会双节棍研究会副会长和柳钢武术协会秘书长，他再次深切感受到祖先跨越千年的凝望，这是生命的原始意义——传承，既为延续祖先的荣耀，也为光照后世的传人。

"陶侃惜阴""陶侃运甓"，家风传承，这些故事里传递的家风影响了陶柏明，就像种子扎根在陶柏明的心中，让他在未来的人生中茁壮成长，最终长成参天大树。陶柏明的一言一行，也将陶家湾的家风故事播种在更多人的心里。

在煤场种下吃苦耐劳的种子

1955年，陶柏明的父亲陶世顺到祁阳县城玩，看到街边摆着桌子，前面排了一些人，对于发生了什么事情非常好奇。

年轻的陶世顺走上前问："请问这是在干什么？"工作人员回答："我们正在招工呢！"听说是招工，他赶忙站进队伍里，排到他时，工作人员问他："你想去哪个单位？"陶世顺对单位并没有什么概念，于是回答："只要有饭吃、有工钱发的单位都可以，我有力气，做什么都行。"

招工的大姐听陶世顺这样说，就笑了笑。面前的男人有着魁梧的身材和真诚的目光，她于是帮他拿了主意："看你身材魁梧，适合到煤矿去。"就这样，陶世顺从湖南祁阳来到了广西贺州平桂矿务局西湾煤矿。陶世顺在家务农的时光结束了，他成了一名煤矿工人。

1968年以前，陶母一个人在村里，带着两个年幼的孩子（陶柏明的大姐和大哥）生活。因为公公婆婆身体不好，陶父不在家，陶母就成了家里的主要劳动力。1958年到1963年修建石洞源水库，每家每户都要出工，陶母还要照顾两个小孩，个中艰辛可想而知。

1968年，陶母带着陶柏明的外婆、大姐、大哥和未满一岁的陶柏明投奔在广西贺州平桂矿务局西湾煤矿当工人的陶父。接着，陶柏明的弟弟、妹妹相继来到了这个世界。由于他们的户口在农村，因此他们没有分房资格，煤矿领导就把他们一家安排到煤矿的一间废弃的绞车房居住。

这间绞车房在山的中间。从煤井挖出的原煤装进小车，经过绞车房，拉到煤场位置，再倒在煤场堆放。因煤矿新建了一间绞车房，这间就废弃了。他们住在这里，左右没有邻居，一到晚上，房后树林里的猫头鹰就会叫，陶柏明和弟弟妹妹时常被吓醒。可到了白天，后山又成了几个小孩子的天然公园，两个年长的孩子上学去了，陶柏明就带着弟弟妹妹在后山跑，玩捉迷藏、看映山红、摘稔子……

绞车房的前面是煤场，也是小孩子们的"游乐园"。陶柏明和弟弟拿来家里的簸箕，一人一个，爬到煤堆的顶部，然后坐在簸箕上面往下滑，看谁滑得又快又远，妹妹就在煤堆下面，望着两个哥哥飞速滑下来，兴奋得一边拍手一边跺脚。有时在滑的过程中摔倒，人从煤堆上滚下来，全身都是煤，脏兮兮的，妹妹看到哥哥们黑乎乎的样子，哈哈大笑……

有一天，陶母带着陶柏明和弟弟妹妹一起在煤矿的井口处等父亲，几个人坐在出口的边上，给孩子们讲陶父在井下挖煤的故事：矿井在地下三四百米，地下很热，挖一下就要出汗，往往要打赤膊干活儿，全身脏兮兮的。挖煤的时候还要注意煤块下落的情况，躲避不及会被煤块砸中而受伤，更为严重的是巷道上的支撑木因受力会出现倒塌，若发现及时可以跑到大巷子中，晚了就会出大事故，人被煤压住……

陶母正讲着，突然听到一阵轰鸣声，大家朝声音处望去，是绞车启动了，接着钢丝绳徐徐收回，卷到一个大滚轮上。陶母说："这是罐笼升井了，你们的爸爸下班了。"这时轰鸣声停了下来，又听见咣当一声，罐笼的门打开了，走出一群装束一样的矿工，他们戴着安全帽，帽顶有一盏矿灯，腰间的皮带上挂着电瓶。

陶母让孩子们在人群中寻找自己的父亲，孩子们望着这些装束一样、脸也全黑的人，根本无法分辨，妹妹还害怕地往后面躲。正当两个男孩子使劲儿找时，一个矿工朝他们走来，开口说："我的崽崽来接爸爸啦！"孩子们听见父亲的声音，都跳起来叫："爸爸！爸爸！爸爸！"陶父开心地笑了，露出白白的牙齿。

听母亲讲述的父亲在井下挖煤的故事，以及自己亲眼见到的父亲和工友们出矿井的场景，在年幼的陶柏明心里留下了深深的烙印：煤矿工人不容易，煤来之不易。也正是这些，在他心中种下了"一生护煤"的种子。

⊙ 1972年夏天，陶柏明（二排左一）与家人合影

在焦化厂筑起艰苦奋斗的基石

除了上山摘野果、滚煤堆，陶家的孩子们还有一个玩耍的去处，就是1958年时苏联援建的一座烂尾炼焦炉。这座炼焦炉的耐火砖结构已经全部建好，但没有任何铁件。听父亲说，苏联在1960年时撤走了所有的技术人员，也拿走了所有的图纸，所以留下了烂尾的炼焦炉。

这里成了孩子们捉迷藏的好地方，在黑乎乎的炼焦炉地下室，陶柏明和弟弟用从山上采集的松脂、大人用的雪花膏铁盒和父亲的劳保口罩绳，自制油灯，在下面玩耍。在空旷的地下室里，他们有时大声喊叫："喂，我们来啦……"声音在地下室里回荡，甚是好玩。

有一次，他们在烂尾炼焦炉里捉迷藏，妹妹把陶柏明和弟弟吓了一跳。那是25孔炼焦炉，妹妹躲在其中的一孔里，为了不让哥哥们找到，她用草把自己挡住，时间一久，便睡着了。两个男孩儿点着油灯去地下室找，到处都找不到。弟弟问陶柏明："怎么办啊？妹妹不见了。"

虽然陶柏明和弟弟一样焦急，但他冷静地说："地下室我们已经找过了，现在我们从炼焦炉的两侧，一个孔一个孔进去再找找看，还找不到就回去告诉妈妈。"他们也不知找了多少个孔，直到突然听到小孩儿的哭声。陶柏明知道，他们找到妹妹了。看到妹妹时，哥哥们悬着的心放了下来。经过这件事，陶柏明再也没有带弟弟妹妹去废炼焦炉玩过。

陶父在工作上勤勤恳恳、任劳任怨、服从安排。由于工作需要，陶父从掘进班被调到了煤矿焦化厂工作。煤矿焦化厂建有三座土法炼焦炉，土法炼焦就是用耐火砖砌个池子，然后把煤堆放到池子里燃烧。

焦化厂有配套的洗煤场，还有拉煤的小火车，有时会有一些临时的工作需要职工家属去干。陶母去的时候，孩子们就嚷着让妈妈带他们去坐小火车。能坐小火车也是孩子们最开心的事。

一家人住的绞车房本就在厂区里，离焦化厂很近。陶父告诉孩子们，当听到熄焦的哨声时，要把晒在外面的衣服、被子、食物收回家，并把窗户关上，以免被粉尘污染。熄焦就是工人用水枪冲已经炼好的焦炭，火红的焦炭遇到水，一瞬间粉尘就会飞上天，到处飘散。

晚上，陶柏明从家望下去，三座炼焦炉里煤在燃烧，就像三座火焰山，映红了半边天。陶母有时到地里干活儿，哥哥姐姐在学校上学，收拾东西的工作就由陶柏明和弟弟妹妹负责。听到出焦的哨声收拾物品，成了几个小孩子的任务。

由于陶家没有城镇户口，享受不到蜂窝煤的配给，陶柏明跟弟弟妹妹就去捡焦丁回家做饭烧水。出焦后焦粉就不要了，工人用手推车拉着焦粉，一车一车倒在焦粉堆上。一些没有收拾完的焦丁会随着焦粉滚出来，孩子们就争着去捡。捡焦丁的有大人也有小孩。每当陶柏明和弟弟两个人抬着一筐焦丁回家，他们便会得到陶母的称赞："哎呀，我的崽崽好能干啊！"

除捡焦丁外，陶柏明和弟弟妹妹还会抬着木桶到洗煤场沉淀池外的小水沟去。沉淀池虽然过滤了一些被冲出来的煤，但还有一些细粉状的煤会漂在水里顺水流出，在排水沟里沉淀。孩子们就拿着废锅铲一点儿一点儿把煤浆铲进桶里。由于煤浆是湿的，比较重，捞了小半桶，陶柏明就和弟弟抬回家。母亲会拿一些黄土跟煤浆搅拌，做成一个一个的煤球，放在太阳下晒干，然后存起来，留待冬天用来烧水做饭和取暖。

这样的生活一直持续到1974年。这一年，陶柏明上学了。这时，陶父被分配到农场当队长。他们离开了绞车房，离开了生活近七年的地方。也正是这近七年的经历，让陶柏明对煤产生了深厚的感情，爱岗护煤也成了他奋斗一生的选择。

来自父亲的熏陶

因为陶父在工作上一直表现突出，在各项工作中都能起到模范带头作用，所以有一所学校请陶父为全校师生做报告。

做报告的地点在学校篮球场，学生们搬着凳子来到篮球场。陶父端坐在讲台上，讲台上只有一张桌子和一把椅子，没有麦克风。校长做了开场讲话以后，陶父就开始讲了。

陶父讲了他九岁时给人养牛；青年时当脚夫挑盐，为部队带路，后来到广西平桂矿务局西湾煤矿当了一名煤矿工人；在掘进班当班长时，带领大家多产煤；在修护班当班长时，要求大家把工友的水鞋、雨裤修补好；在坑口食堂当厨师时，做好后勤保障工作，把饭菜做得合工友的口味；在焦化厂时炼好焦；在农场当队长时，就想着带领社员耕好田、种好地，解决大家的温饱问题……这一切都要感谢共产党，是共产党让他有了工作。

陶父勉励台下的学生："在学校要听老师的话，当一名好学生，好好学习，增强本领，将来为社会做出自己的贡献；参加工作后，要把自己的工作做好，要把自己的本领发挥出来，不要辜负国家对自己的栽培。"

篮球场坐满了学生，虽然没有麦克风，但是陶父那高亢的声音在篮球场上回荡。听着父亲讲述自己的人生经历，陶柏明感受到了一股坚定的力量，就像一团火在他的体内燃烧。

陶父工作的现场，除了井下，陶柏明都去看过了。在修护班，他端着小凳子坐在父亲旁边，看父亲在那里一丝不苟地锉水鞋，如果胶块上的胶水还没干，父亲会用嘴吹几下。父亲边工作边跟陶柏明说："如果这鞋补不好，漏水了，工友在地下挖煤时鞋里就会进水，人容易生病。"

晚上在家吃饭时，陶柏明跟父亲讲自己的感受，他说："爸爸，您今天讲的这些故事和道理，让我很有感触，等我以后参加工作，也要把自己的工作做好。作为您的儿子，我很自豪。"得到儿子的称赞，父亲来了精神，端起酒杯喝了一口又放下，缓缓开口："儿子，你一定要好好学习，学成后报效祖国。我最遗憾的就是没有读过书，不能为国家做更多贡献。所以，我就喜欢听领导、读书人和有知识的人讲话，听他们讲国家大事，讲报纸上的内容，听后，有用的我就记在心里，然后跟朋友说，跟社员讲……"

陶柏明当时只是点点头，许多年后，他才意识到自己的成长有很多方面来自父亲的影响：开会时认真听领导讲话；参加学习培训时，仔细听老师讲课；看书、看报、看电影时，遇到对自己有启发、有帮助的内容时会记下来，并采取行动。

立志成"柏"，报效祖国

一转眼到了四年级，陶柏明的班主任刘老师布置了一项作业：背唐代诗人李绅的《悯农》，第二天要在课堂上背诵。刘老师说，爸爸妈妈为了让孩子们有饭吃，每天做事很辛苦，孩子们要从唐诗中感受"盘中餐"来之不易，懂得父母的辛苦。

为了不在课堂上丢脸，一回到家，陶柏明就打开书包，用自创的抄写记忆法边看边写，边写边记。他还把诗抄在一张纸上，然后用图钉钉在墙上。他背着双手望着墙上的唐诗，不断地读啊读，终于达到滚瓜烂熟的程度。

第二天，陶柏明早早来到教室，坐在自己的位置上，内心忐忑。他希望老师抽到自己，但又害怕抽到自己，他担心自己当众背诵会忘词。上课铃响了，班主任刘老师走进教室，在讲台上讲了一番话。由于紧张大脑混沌，陶柏明一点儿没听进刘老师说了什么，只是在心里念叨着：不要抽到我！不要抽到我！

这时，陶柏明忽然听到老师叫自己的名字，并让他背一遍昨天布置的唐诗，他机械地站了起来，大脑一片空白。不知道站了多久，老师见他久久没有出声，非常生气地走到他身旁说："一首唐诗都背不出来，没出息。"陶柏明很羞愧，如果地上有条缝儿,他都恨不得钻进去。

到了晚上,刘老师来陶柏明家里家访。陶柏明正在里屋看书,听见刘老师的声音心里很害怕,硬着头皮走出来叫了一声"刘老师好",转身又进里屋了。刘老师问陶父陶母:"陶柏明昨天晚上在家干吗了?"陶母如实回答:"昨天他一回家就打开书包学习,把古诗抄写了几遍,说今天要在课堂上背诵,他还把诗钉在墙上,望着墙上的纸大声地读。"

听到这里,刘老师"哦"了一声,大声地叫陶柏明出来。陶柏明听到刘老师叫他,赶紧走出来。刘老师接着说:"你妈讲的是真的吗?"他低头小声回答:"是的。"

"那你能不能现在背一遍给我听?"刘老师也降低了声音,温和地说。

由于不是在课堂上当众背诵,而是在自己熟悉的家里,陶柏明有了自信。他流利地大声背了一遍。

"很好嘛,这样努力,为什么在课堂上没能背出来?"刘老师好奇地问。

"在全班同学面前,我紧张、害怕,站起来时大脑一片空白,全忘了。"陶柏明回答。

听到这里,刘老师对眼前的学生又了解了一些,扭头对陶父陶母说:"你们这个儿子很聪明,从他背诵的方法来看,又是抄写记忆,又是对着墙反复朗读,这都是很好的学习方法,他一定还可以更加优秀。不如你们给他改个名字,在'白'字旁边加个'木',让他成为参天大树,成为国家栋梁。而且这个'柏'

字，读bó时，b是爆破音，代表他要一鸣惊人；读'bǎi'，意为柏树，就是参天大树。"

陶父听到刘老师这样一番讲解，连说几个"好"字，扭头与陶母说，明天拿户口本到派出所去给儿子改名。

就这样，这个未来的技能带头人，拥有了一个新名字——陶柏明。从陶白明到陶柏明，其中饱含着刘老师和父母对他的殷切期望，他们希望他立志成为松柏，报效祖国。这个期望一直支撑着陶柏明，而他也真的做到了面对艰难险阻勇于拼搏，成为后辈们可以乘凉的参天大树。陶柏明得到了老师的肯定，学习的劲头更足了，语文成绩一路飙升。

陶家从煤矿搬到农场后，陶柏明开始了新的生活。

在学习上，陶柏明有着不达目的不罢休的韧劲儿；在生活中，陶柏明更是主动承担起了家庭重任。

农忙时节，陶柏明带领弟弟妹妹一起为父母做饭，然后由他负责送饭。家里柴火快没有的时候，陶柏明就去山里劈柴，把比自己还高的木头拖回家。每个劈柴后的夜晚，陶柏明都会因浑身酸痛而难以入睡，半夜也常因劈柴、背柴时受的伤而疼醒。

小学五年级暑假时，陶柏明还带着弟弟妹妹去茶场摘茶叶赚学费。那一年，陶柏明靠自己的双手为自己赚得了学费，但指甲却因长时间掐茶叶而变了形。

俗话说，穷人的孩子早当家。当时的陶柏明用稚嫩的肩膀，努力为家庭付出自己的力量。因为一些原因，陶柏明1981年才小学毕业，这棵小树苗正在努力地成长。

⊙ 2013年4月，陶柏明回家乡时在湖南祁阳石洞源陶家湾的故居前留影

⊙ 1981年6月，陶柏明（三排左四）小学毕业留念

第二章　始于梦想，不负青春

自创学习方法的初中生

陶柏明初中就读于西湾煤矿中学，因入学时成绩排名年级第二，所以他被分到了优等生集中的班级。

在读初中一年级时，陶柏明感觉还是比较轻松的，到初中二年级时他就傻了眼：增加了几何、化学、物理等科目，这些课他怎么也听不懂，他虽然将公式、定律都背得滚瓜烂熟，但是遇到难题还是不会解。但化学老师教大家唱的《化学元素歌》，陶柏明感觉非常好玩，毕业这么多年，他还能够唱出来：氢氦锂铍硼，碳氮氧氟氖，钠镁铝硅磷，硫氯氩钾钙……或许是受此启发，他后来拜师广西山歌王"武宣婆"郭秀莲，用山歌的形式编制不同岗位的安全歌，让大家一起诵读，使得安全意识内化于心，外化于行。

每个人的天赋不一样，所能接受知识的程度也不一样。这是初中时期的陶柏明对自己的认识。初中一年级时，陶柏明对英语很感兴趣。他到新华书店买了一本英语单词速记书。此书的记忆方法是：用循环模式把四个单词分成一组，三组为一个循环组。陶柏明用书中所教的方法把课本上的单词全部记住了。英语成绩在班里面始终保持前十名。

需要什么，就学什么！这是陶柏明的学习心得。

在初中二年级时，语文老师布置作文，陶柏明写的那一篇成为年级最好的五篇之一，被张贴在学校的学习园地栏里。陶柏明表面不露声色，心里高兴极了。为了写这篇作文，他付出了很多。写作的那几天，除了上课，他几乎把所有的闲暇时间都用来看相关书籍了。作文能被贴出来，是陶柏明整个中学里最有成就感的事。

到初中三年级时，陶柏明喜欢上了政治课。但教政治的王老师喜欢写板书，且写字速度非常快。他写满整个黑板时会停顿一下，问学生抄完没有。有学生回答已经抄完了，他就会把黑板上的字擦掉。对陶柏明这样写字慢的人来说，他根本跟不上。面对这种情况，他会空上几行，下课后借同学的笔记来抄。每次都这样，他下课连休息的时间都没有。陶柏明开始思考：有什么办法能够跟得上老师板书呢？要想跟得上，就要和老师写得一样快。书店里会不会有教人快速写字的书呢？

星期天，陶柏明去新华书店买书，他问售货员："阿姨，有没有教人写字快一点儿的书？"

售货员为他推荐了两本字帖，一本是王羲之的《狂草字帖》，另一本是黄若舟的《怎样快写钢笔字》。陶柏明翻看里面的内容，发现王羲之的狂草省了很多笔画，缺点是大部分人看不懂，只有练过书法的人才能辨识；黄若舟的硬笔书法属于行草，大多数字能够认识，而且都是连笔，简单一笔就是一个字。太好了！于是他将两本字帖都买下了，在家时，有空就练习连笔字，上课时实践，通过一个月的练习，他书写的速度比原来快了不少，他几乎可以与老师同步书写。

一些同学来问陶柏明借笔记抄，他非常乐意拿出来，但同学们看了他的笔记却无从下笔，丢过来一句："你记的是什么呀？就像鸡爪子字一样。"陶柏明回答他们："我是用行草快写法记的。"人们常说练字要从基本功练起，从楷书练起，而陶柏明则从狂草行草开始，这是以实用性为原则，也打破了惯性思维。中学时练钢笔字，不仅让他跟得上老师记笔记，还对他未来的职业生涯起了一定的作用。

学生时代的两个梦

中学时代，陶柏明的班主任问学生："你们的理想是什么？"很多同学站起来回答，轮到陶柏明时，他说："我有两个理想：一个是当一名老师，另一个是当一名记者。"老师又问他为什么。他回答："因为我姐姐是一名老师，所以我想像姐姐一样教书育人；我也想成为一名记者，通过采访，与更多的人分享这个世界的真善美。"老师听了他的解释后点点头，笑得很慈祥。

若干年后，陶柏明的教师梦实现了，他成为公司的高级内训师、柳钢集团工匠学校执行校长，也站上讲台，为学员授课，受到学员的尊重。到了柳钢后，他主动进行两项学习：一项是报名参加春芽写作函授班，另一项是报名参加了武汉新闻采访速记函授培训班。虽没有成为一名记者，但他积极向公司的报纸《柳钢报》投稿，成了一名通讯员。

在农场时，陶柏明曾经看过一些戏剧的武打场面和动画片《三打白骨精》，这让他的心里也种下了一颗武术梦的种子。1982年，李连杰主演的功夫电影《少林寺》在全国上映。陶柏明在电影杂志上看到了这部电影的宣传图片，对这部电影充满了向往。

《少林寺》如期在矿部电影院上映，陶柏明和要好的同学一起去看，随着电影情节的发展，观众的情绪似波浪起伏。看到精彩的武打场面，大家不由得发出叫好声！

看完电影后，一群年轻人心里久久不能平静。有同学提议成立武术队，也来练武。大家一致同意。有同学找来烂皮球，陶柏明用父亲补胶鞋的胶水把球补好，悬挂起来，作为靶子；有同学找来麻袋装上沙子，当成沙包；有同学找来家里的旧书废报纸，用来练习铁砂掌。大家还约定，每天早上五点半起床，一起跑步，练习基本功，踢腿压腿。放学后，他们又到附近牛奶厂的稻草仓库练习翻滚跌扑等。学校的体育老师也受《少林寺》电影的影响，开始学习一些武术身法，并把所学教给学生们。陶柏明练的第一套拳法是长拳。有·名同学的哥哥是练截拳道的，陶柏明又向他请教，并开始订阅有关武术的杂志。

若干年后，以前一起练武术的同学都不再继续了，只有陶柏明还在坚持。习武也给他带来了自信、健康、快乐和成就。2009年，陶柏明开始担任柳州市武术协会双节棍研究会副会长和柳钢武术协会秘书长。

初中时的陶柏明虽性格内向，但他乐于参加活动。他加入了年级足球队，上场比赛之余，还去捡球、帮同学拿衣服；学校组织春游、秋游活动，他也积极参与，只是他的自行车多数时候是用来拉炒菜锅或柴火的，他负责干后勤。同学们有事请他帮助，他几乎没有拒绝过。因此，在同学们眼中，陶柏明是一个热爱集体、积极参与集体活动，乐于助人的人，大家都非常喜欢这个充满活力且默默奉献的少年。

以梦为始，在实现老师梦的路上，陶柏明的写作能力和表达能力渐渐提升，为日后成为企业内训师、演说家以及写书人奠定了坚实的语言文字基础。在实现武术梦的过程中，陶柏明深刻地领悟到了武术的精神，并以艰苦奋斗、自强不息的精神投入生产、工作，为日后成为全国劳模奠定了基础。

⊙ 1984年，陶柏明（后面双脚腾空者）与同学习武时留影

"读书狂人"

少年时期的陶柏明性格中既有热情的一面，也有沉静的一面。在学校时，他乐于参加各种活动，表现积极；回到家后，他也能静下心来，独自在知识的海洋里遨游。

在陶柏明的记忆中，放学后的时间和寒暑假是他的寂寞时光。陶柏明通过读书，把孤独和寂寞变成享受，在寂寞中充盈自己。

1981年，陶柏明回到矿部读初中。放寒暑假时，他会从矿部回到农场，充分利用一切闲暇阅读。1982年，国家推行的分田到户政策，农场原借用附近农村的土地被收回了。1983年，陶家搬离农场回到矿部，陶柏明进入了青春期。那年暑假的一天，陶柏明闲来无事，在矿部宿舍区闲荡，看见一位姓张的大哥，在搬书到户外晒，他就走过去看是什么书。《野火春风斗古城》《青春之歌》……这些都是他知道但没看过的书。那一瞬间，他内心涌出一种强烈的想要阅读的愿望，就鼓起勇气问："张大哥，能不能借给我几本书看？"

张大哥看了看他，稍作思考："可以，但你先帮我把书拿出来晒，下午再收回去！"陶柏明一听可以借到书，赶忙点头答应，跟着张大哥来到他的宿舍，陶柏明看到地上有两个四方的箱子，都已经打开了盖，箱子里装了满当当的书，羡慕之情溢于言表。陶柏明跟随张大哥一起搬书，也不知道搬了多少趟。也许是因为一个愿望的实现，让他十分快乐，从而忘记了劳累。

书全部搬完后，陶柏明选了三本。张大哥对他说："读书时一定要爱护书，不要乱折，不能乱画。再就是有借有还，再借不难。"陶柏明欣喜若狂："张大哥放心，我一定不会弄坏你的书，我看完一定还你。"连续十几天，陶柏明都到张大哥的宿舍去借书还书，也了解了张大哥为什么这么喜欢读书，因为他的心中有一个文学梦，想成为一个作家，这让陶柏明对他十分敬佩。

陶柏明不断地看书，沉浸在书中，忘记了时间，忘记了吃饭，常常看到三更半夜。陶父陶母看到儿子废寝忘食地看书，十分欣慰，但有时因为关心儿子，会强制关灯让陶柏明休息，但他躲在被窝里，打着手电筒继续看……

张大哥的藏书很快看完了，去哪里再找书呢？学校的阅览室假期不开，但陶家所在的文建坑口有一个小小的阅览室，陶柏明就到那里借书。阅览室不大，只有两间房，大概六十平方米，有两个书柜。他在那里办了借书证，如饥似渴地汲取知识。因为每次只能借两本书，所以他几乎每两天就要到阅览室还书借书，图书管理员都认识他了。

在文建坑口阅览室，陶柏明很快就看完了他喜欢的书，便拿着借阅证到煤矿矿部的图书馆去借书。当煤矿矿部图书馆的书读完时，陶柏明又想办法找来平桂总局、发电厂、选炼厂的图书馆借书证。

1984年，武侠小说开始风靡，刚开始，一些报刊对武侠小说做一些连载，这满足不了读者的阅读需求。而武侠小说对当地的图书馆来说，还是新生事物，没有这类书籍，租书店便应运而生。

陶柏明也深受武侠小说吸引，但租书需要钱怎么办？父母平时给的一个月一两块钱根本没办法满足他租书的需要。他就去找同学大毛，两人一起打工赚点儿零花钱，合伙租书。

由于长期看书，陶柏明练就了一目十行的本领。每次书借回来他先看，一本十万字的书，他四个小时就可以看完。看完后马上给大毛看，每本书他们只借一天。两人合租，降低了租书成本，又实现了读书的愿望。

寒暑假，无论是白天还是晚上，陶柏明都沉浸在读书的快乐之中，忘却了孤独和寂寞。有一次他在房间里听到屋外邻居跟母亲的对话。

邻居："好久没见你的二儿子，他去哪里了？"

母亲："他每天都在家里看书呢！"

邻居："热爱学习是好事，你的二儿子真棒。"

中学时期疯狂读书，让陶柏明养成了读书的习惯。通过读书，他开阔了眼界，提高了思维能力，陶冶了情操，为之后工作中理论结合实践打下了基础。

1987年6月，陶柏明拿到高中毕业证书，离开了学校。中学六年，陶柏明就是在上学和读书中度过的。陶柏明在为他即将展开的广阔未来准备着。

⊙ 2022年11月29日，陶柏明在湖北武当山时留影

第三章　金牌工人

听见柳钢的声音

高中毕业，陶柏明和几个要好的同学聚在一起，讨论着各自的未来。

有的同学要去参军，到部队锻炼自己，退役后等待分配工作；有的同学要去工地打工；有的同学要学理发或裁缝。那个年代，找一份工作挺难的，要么考上大学，等待分配；要么接父母的班；要么等企业招工。这个时候大家都茫然无绪。

一晃就到了八月，矿上传来两个好消息：一个是秋季招兵，一个是柳钢产能扩大，要在西湾煤矿招二百人。这真是个千载难逢的机会，让这些年轻人兴奋不已。招工，需要参加考试，应届毕业生在这方面具有优势。陶柏明把招工的消息告诉母亲时，陶母也很高兴，她叮嘱儿子一定要认真复习。

但陶柏明还有另外一个打算，就是报名参军。他从小就崇拜解放军，他没有告诉父母，偷偷到煤矿武装部报了名。很快，他就被安排体检，体检非常严格，武装部的领导在体检现场盯着。他的右眼视力0.9，没有达到参军的标准，所以当兵进军营的梦想破灭了，但他认为努力过就不后悔。

不久柳钢招工开始了，陶柏明参加了考试。考试成绩公布，他考了第二十一名。前二百名可以参加体检。因为之前已经体检过一次，他轻车熟路地按照要求一一检查，然后回家，耐心等待体检结果公布。

体检结果公布的那一天，陶柏明的同学大毛来找他，告诉他没有被录取。陶柏明得知自己榜上无名，头嗡嗡地响，他骑上自行车，飞奔向煤矿矿部。在公开栏处，他挤进人群，抬头看体检合格的榜单，从头到尾细细地看，看完整个名单后心都凉了。他转身挤出人群，头脑昏昏沉沉，整个人都发软。他也不知道是怎么骑车回到家的。一到家他就冲进房间，扑到床上，一把扯过被子，把整个头都蒙起来，伤心地哭了。

直到客厅里传来陶柏明大姐的声音："柏明在哪儿！"陶母得知陶柏明体检没通过，和陶柏明的大姐一起鼓励陶柏明，为了自己的梦想再努力争取一次。陶柏明点点头，和大姐一起去招工小组下榻的招待所。来到招待所，招工小组的领导们正在开碰头会，大姐向领导们说明来意："我弟弟的体检没通过到底是怎么回事？在这之前我弟弟参加过招兵的体检，除了视力差一点儿，其他都符合要求。"

招工小组的一位领导说："这样啊！我们查一下体检报告。他叫什么名字？"

"我弟弟叫陶柏明，他是高中应届毕业生。"陶柏明的大姐说出弟弟的名字。

"应届毕业生，好呀！企业就需要有知识、有文化、高素质的员工。"这位领导说。

"查到了，你弟弟的体检报告上说是色盲。"随队的医生说道。

"这样呀，这个就没办法了。有色盲的人企业是不能要的。因为工厂有很多五颜六色的开关，色盲的人无法分辨清楚，操作机器会出事故的。"这位领导也觉得很可惜。

在一旁的陶柏明听到是色盲的原因时，悬着的心终于放下了，因为他知道自己色觉没问题，一定是结果弄错了。当场做了一系列色觉检测后，医生跟这位领导说："他色觉没有问题，可能是之前搞错了。"陶柏明扭头冲大姐笑了笑，大姐的脸上也露出了笑容。

这位领导对大姐说："第一次体检结果的公布，不是说就确定了，没有在榜单上的人也不是就落榜了，都还有机会，刚才对你弟弟的色觉检测，结果没有问题，你们等下次发榜吧！"

过了三天，合格人员名单再次公布，陶柏明榜上有名。正因大姐的执着和招工领导认真负责，才有了未来冲锋在钢铁战线上的"总教头"。

进入柳钢

陶柏明榜上有名，全家人悬着的心都放了下来。但等待上岗的时间比较长，从陶柏明体检合格到正式上岗，一等又是几个月。

接到矿上的通知，陶柏明到矿上行政科领表，填报想去的单位和想做的岗位工种。他领了表回到家，不知道填什么，想让家里人提提建议。关于单位的选择，家人讨论时，陶柏明的大脑就像放电影一样，回忆着小时候在煤矿焦化厂的日子。于是他大声说道："就选焦化厂。"至于岗位工种的选择，陶柏明的大哥大姐都觉得技术工种比较好，但大哥又说："虽然选了单位也选了工种，有时候由不得我们，下面还有一栏，是否服从安排，还是服从吧！"陶柏明就按大哥大姐的意见填好表，交到矿行政科。

1988年春节过后，终于等到了柳钢通知的报到时间——4月9日。得到了具体时间，陶柏明的父母开始按通知要求为儿子做准备。

1988年4月8日，陶母一大早便去农贸市场买菜，又通知了女儿、女婿回来吃饭，为陶柏明饯行。吃过饭后，陶父嘱咐陶柏明："到单位要听领导的话，要当一名技术工人，要积极进步，早日成为一名中国共产党党员……"这些都成了陶柏明到柳钢后的追求目标和行动方向。

1988年4月9日，星期六。陶柏明想到今天就要去柳钢了，心情很激动，等陶父推门进来时，他已经收拾好自己的东西。全家人都在紧张地准备着，陶柏明的哥哥把家里唯一一辆二八自行车推出小院。这辆自行车是哥哥珍爱的宝贝，哥哥将它送给了即将远行的弟弟。陶柏明在自己的房间看了看，看到书桌时，想着多带几本书，就找了七八本武术书籍，还有王羲之的《狂草字帖》和黄若舟的《怎样快写钢笔字》。

矿部发出的通知是七点半在西湾煤矿的大门前集体出发，陶柏明全家很早就出发了。大家一起朝矿部走去。从家里到矿部也就三公里左右，还没到集合点，就听到锣鼓喧天。到了矿部的大门口，矿部领导与柳钢领导正在张罗着迎接新人。柳钢派来两辆加长货车、四辆班车，矿部安排的人在车上帮忙接东西。放好了东西，陶柏明走到一边，家人们反复叮嘱与他工作相关的事，他点点头，认真地回应家人的嘱托。

七点半，陶柏明准时出发。班车几乎走了一天，从八步、钟山、二塘、荔浦、鹿寨到三门江渡口。过渡口需要所有人下车。在渡船上，领导说："过了渡口，就到柳州了，再过半个小时就可以到达柳钢。"过了三门江渡口，大家又上了车。又经过三十分钟左右，终于来到了柳钢运输球场。球场边站着两排青年男女职工，列队欢迎新人。

陶柏明下了车，好奇地打量着四周：这是个普通的球场，四周是红砖楼房。正在这时，一个瘦小精干的中年人用洪亮的声音喊话："欢迎大家来到柳钢，我是柳钢焦化厂的党委书记，大家一路辛苦了，先把东西搬到宿舍安顿好，到时为大家预发一个月的工资和粮票。"安排好宿舍后，陶柏明被分配到301房间，拿到了预发的一个月工资和粮票。他干劲儿满满。

第二天早上，陶柏明起床后，从小箱子里拿出洗漱用品，提着桶准备到楼层中间的洗漱间。他打开房门朝外一看：天啊！这么多人在外面排队。他提着桶也挤了过去。

吃过早餐，陶柏明按时下楼，随着人群往大门处的地坪集合。七点半，焦化厂的党委书记和各工段的工段长、工长们已经在楼下的空地上等着，但一些新来的工人没有集合完毕。陶柏明与几个人聚在一边，相互诉说着晚上睡觉、早上抢水和在食堂排队的感受。

八点人还没有到齐，有的新工人开始向领导们反映生活中的不便……党委书记就站在一堆砖头上对新工人讲话，意思是对于大家刚刚反映的问题，厂里十分重视，困难是暂时的，厂里正在想办法解决这些问题，以后无论生产还是生活，大家都会拥有更加便利的环境。听到书记的一番话，刚才还叽叽喳喳的声音消失了，大家都对未来充满了期待。

接下来，书记指出，未来将对新工人进行三个月的岗前培训；为便于管理，带队的工长们将给大家分队，人员分好后，工段长再进行分组。

在平凡的岗位上绽放

当时，我们国家机械化程度还很低，建设一座炼焦炉用了四年。但招工指标有期限，不把工人按时招进单位，指标就作废了。就这样，陶柏明与这些新工人提前两年进厂，进来后要接受为期三个月的企业文化与安全管理培训。

三个月的培训很快就过去了。有一次厂里安排清煤场沉淀池积煤，陶柏明由于长得瘦高，看着像没有力气的人，领导就安排他下池里用桶装煤泥，力气大的在池上拉。他毫不犹豫地挽起裤脚，跳到沉淀池里。以前在农场的时候，他下田耙田、插秧样样行。这些活儿对他来说根本不算什么，他把这些打杂工作当成一种锻炼，而且充满干劲儿。

1989年12月，经过近两年的打杂工作，陶柏明终于等来实质性工作。他职业生涯的第一个岗位是火车皮清扫工，工作内容是在火车送煤到受煤坑，用螺旋卸煤机把煤卸下来后，他就上车皮清卸煤机卸不到的余煤。

陶柏明每天重复着这些工作，但他总觉得，还可以把这些工作做得更有意义一些。有一天清扫车皮时，他发现车皮的底部有一个缝隙，缝隙里还积有一些煤。他就找来用铁片自制的工具，把缝隙里的煤抠了出来。他又看到门后、车的角落、横杆和车顶的边缘也有积煤，就把它们一起清扫干净。他还找来一个桶把煤收集起来，拿到配煤室的秤上去称，竟然有十五公斤。他心想：一个车皮十五公斤，一千个车皮就不得了啦！如果不清理出来，那是多大的浪费呀！

陶柏明主动为企业减少损失，源于他内心深处对煤的珍视。作为煤矿工人的儿子，他深知煤来之不易。他暗下决心：以后只要我参与清理车皮，一定把它清扫得干干净净。

到1990年5月，陶柏明已做了六个多月的火车皮清扫工，他在这个岗位上不但尽职尽责地做好本职工作，同时牢记父亲的叮嘱：听领导的话。做完本职工作后，班长交给他什么临时任务他都没有二话。他认真清理车皮的行为被班长看在眼里，班长将陶柏明调到了皮带机岗位。

9号皮带机在煤塔的上方，是当时焦化厂最高的一个岗位。皮带机岗位的工作比较单一。皮带机运行时巡岗；停机时，对设备进行点检、润滑；下班前把皮带底部掉的煤清扫干净。

日子一天一天过去，有一次，厂党委书记组织新工人开宣传动员大会。书记说了这么一句话："任何一个人，哪怕再普通，只要肯学习、肯努力，都可以成为自己岗位上的专家。"这句话让陶柏明内心激动不已，他在平凡的岗位上，种下了梦想的种子。

有一天陶柏明上白班，中午休息时闲着无事，就数台阶，他进到操作室，坐在椅子上，扭头发现墙角有一行字：地面标高四十七米。就在这时，他忽然想起书记在会上还说了这么一番话："要想成为自己的岗位上的专家，就要对自己的岗位了如指掌。"刚才他数台阶、看地面标高，那不就是对自己岗位了如指掌的具体体现吗?

陶柏明似乎找到了感觉，他立即冲出操作室，去数9号皮带机有多少组托辊支架，有多少增面滚筒，有多少轴承座，减速机正常油量刻度⋯⋯

对皮带机的结构了如指掌后，他又想进一步了解设备的内在情况。钳工在检修时，他在一边观看，还请教一些问题，如新皮带跑偏怎样调节、减速机的换油周期、齿轮异响的判断等等。通过学习，陶柏明很快具备了操检合一的能力。

在做好设备维护和操作工作的同时，陶柏明十分重视对岗位现场的卫生清扫。中午吃饭时间和下班之前，他都会拿起扫把，把皮带通廊的右侧楼梯清扫一遍，清扫工具就放在机尾。吃完午饭后，他拿起放在机尾的扫把，把左边的楼梯打扫一遍，等皮带机停机后，再把皮带底部扫干净。

工段有一个传统，每周都要组织管理人员对现场进行检查。陶柏明认真清扫岗位后第一周接受检查时，工艺员唐师傅检查到他的岗位，看到地面一尘不染，设备也清洁无污，不由得说了句："这个岗位不错。"第二周的联检，现场依然整洁。唐师傅就向工段领导汇报，9号皮带机可以免检了，不管什么时候检查都是干净的。工段领导是有着三十多年工龄的老员工，他听了以后，亲自到陶柏明的岗位检查，果然如工艺员所说。于是在工段内，他要求各个班组的班组长带领班员向陶柏明学习。

年终评比时，陶柏明被评为1990年度焦化厂先进生产工作者，这是他职业生涯的第一个荣誉。他在心里暗暗发誓：一定要继续努力。

若干年后，电视台的记者在采访陶柏明时问他："您在职业生涯里经历了不少工作岗位，对哪一个岗位最有感触？"他答："皮带机岗位。"记者好奇地问："这个岗位没有什么技术含量，平平淡淡，就是扫地，您为什么对它最有感触呢？"陶柏明回答："虽然这个岗位平凡，没有什么技术含量，每天就是扫地，但只要用心，在平凡的岗位上也可以'扫'出不平凡的成就。"

1991年3月的一天，周班长找到陶柏明，希望陶柏明成为机动顶岗工，并在三个月内学会工段所有岗位的操作。面对来自班组的厚望，陶柏明毫不犹豫地回答："好的。"

机动顶岗工，顾名思义，就是当班组人员出现病假、事假、探亲假、产假、护理假等休假时，就要顶因休假缺员的岗位，这个岗位的人需要有良好的心态、认真的态度和全能的技术。

工段内有八个工种二十一个岗位，在皮带机工、卸煤机工、摇动给料机工、煤管工、堆取料机工、中控室操作工、配煤工、粉碎机工八个工种中，陶柏明已经有了皮带操作证，需要学的是剩下的七个工种。为了在三个月内学会七个工种所有岗位的操作，陶柏明向周班长请教，班长让他先看看《工艺技术安全操作规程》。陶柏明看着规程开始学习，并在学习的过程中不断改进自己的学习方法。

陶柏明设计了一套学习计划：应知、应会和五问。应知：知道岗位的工作内容，知道工作的流程，知道岗位上各种开关按钮的作用，知道设备的结构。应会：会按流程做事，会操作岗位上的开关按钮。五问：这个岗位容易出现什么样的问题？问题为什么会发生？问题要怎样解决？问题会造成多大的损失？问题如何避免？

设计好学习计划后，陶柏明每天到岗就开始学习。在岗后，他就用自己的方法跟师傅学习，用一天的时间了解应知的内容，多问"五问"，然后用三天的时间学习操作：看师傅操作一遍，自己再操作一遍，请师傅纠正不当的操作后，再操作一遍。

陶柏明没有辜负班长的期望，在不到一个月的时间里，把七个工种全部学会了，拥有了八个工种的操作证，成为工段第一个全能顶岗工，也成为当时整个柳钢拥有操作证最多的员工之一。

⊙ 上图　1988年，陶柏明进入柳州钢铁厂焦化分厂配煤车间时留影
⊙ 下图　2003年，陶柏明在生产现场对设备进行点检

配煤专家的诞生

在机动顶岗工的岗位上，陶柏明只干了三个月。1991年6月17日，周班长找他谈心，了解他的工作情况。一番交谈后，周班长说准备调他到配煤工岗位。

陶柏明一听，内心一阵兴奋：太好了，可以成为技术工人了。

配煤工岗位属于国家规定的技术岗位，对焦化厂来说，也是关键岗位。配料不准会造成某种煤的正偏差或者负偏差，会给下一道工序——炼焦带来影响，如产量减少、难推焦、水分增加等，这个岗位需要认真负责的员工。再加上厂工艺岗经常检查配比情况，不合格将会给班组全体成员造成损失。另外，这个岗位是车间的高薪岗位，还可以申报高级工和技师。

配煤工作还需要有一定的体力、智力和反应力。在配煤过程中，要用一个50厘米×50厘米的铁盘抛盘称量，就是把铁盘放在某单种煤的电磁振动筛前，随运行的皮带通过该下料口接住煤料。人要随着铁盘跑动，在前方用右手抓住铁盘的端耳用力往外抽，左手顺势托住铁盘底部，就像饭店服务员端菜一般，轻的煤样可以直接将托盘拿到称量台称量。每个单种煤称量后，要核算配比是否在要求的范围之内。有时候因煤种存量问题，某单种煤的配量达到45%，如果是雨季抛盘称量，煤加铁盘的自重可达25公斤，这个时候就要用端式了，即从皮带上抽出铁盘，另一手快速握住另一端的端耳，双手端住，需要有一定的臂力和腰力。

如果抛盘后，跑动慢、抽盘慢，抛盘失败，铁盘就会经过两个振动筛，接上更多的煤，这时操作就更困难了。如果再抽不出铁盘，就会带到粉碎机，上到煤塔，给下一道工序带来问题。

陶柏明身高1.75米，体重49公斤，身体比较单薄，虽然有一些武术功底，但也吃不消。为了能适应这个岗位，他到体育用品商店购买了一副25公斤的哑铃，又买了一根擀面杖，用绳子绑住哑铃，再把绳子绑在擀面杖上，每天进行双臂提升训练，练习臂力和腰力，下班后，还要去运动一下。陶柏明很快让体力适应了工作的需要，抛盘称量做到了"一端准"。

配煤工作一遇到雨季难度更大，当时的电磁振动筛角度约40°，如需控制下煤量大小，就要调节电磁振动的幅度。料场的煤料几乎都被雨水淋湿，取到料仓的煤都黏糊糊的，配煤槽出料口难出煤，电磁振动筛的幅度完全打开也不出煤。这种状况，就需要人工配煤。所谓的人工，就是由人从料仓口把煤扒出来。最严重的一次，七个料仓全不下煤，为了不使炼焦炉因此停产，陶柏明组织七个人，按照每个人的体力大小，安排他们在各个仓前人工配煤。主焦类煤配用量较大，安排有力量的大块头；瘦焦煤用量少，就安排相对瘦弱的人。就这样，他们用人力完成了当班的配煤工作。

用手抓一把煤来检测配合煤水分，是配煤工需要掌握一项技术。每年9月质量月时，厂里都会开展配煤比赛。水分检测就是抓一把煤捏成团，再看煤团黏结情况，成团比较好的，说明水分大；成团后出现裂缝或散状，或者根本就不成团的，则说明水分小。为了练习"一把准"，在配煤过程中，陶柏明经常会从皮带上抓煤，然后放到蒸馏器上在规定时间内进行烘干，再拿出煤称量，就知道水分含量是多少。他通过经常性的训练，使自己的水分检测技术达到了"一把准"。

在配煤工这个岗位上，陶柏明发现了一个现象，即每个班组的配煤工在配煤时，多是考虑将配比的合格率尽可能地控制到最好，不管煤质高低，也不管煤干湿粗细，因为这是厂工艺岗设定的考核指标。但他感觉，这是一种不够负责任的行为。煤有质量高的也有质量低的，有干煤也有湿煤。陶柏明知道，质量高的煤种，采购成本高，反之则低。如果仅仅从配比上要合格率，只要在正负2范围内就行了，否则可能由于一味追求质量，导致高质量煤多用，这样就会给厂里造成经济损失。作为一个对煤有感情的人，他眼里揉不得沙子，于是他自创了一个配煤口诀：

　　　干煤标准配，湿煤往大配，

　　　粗煤正常配，细煤往小配。

　　　高质煤负向配，低质煤往正配。

这个口诀成为陶柏明在配煤时的原则，他也把它与同岗位的配煤工分享。除了配煤实操，他还学习配煤的技术理论，使自己理论结合实际。在配煤岗位上，陶柏明不断进步，由初级工、中级工到高级工，又从技师做到高级技师，还连续两年获聘为技师带头人，也就是现在的技能专家。

陶柏明不仅与同班组的工友密切配合，把岗位工作做好，还与兄弟班组的配煤工进行团结协作。配比检测是日常工作，工人们对一个个煤种抛盘称量后，把重量写在黑板上，然后用计算器进行计算，哪一个煤种超了，就调节该煤种电磁振动筛的振幅。这个过程比较慢，为了称量后能快速知道配比是否超标，陶柏明与同岗位的配煤工协作攻关，大家共同努力，研究出配比检测对数表。称量完成后，不用计算器，直接对配数表，马上就可以知道配比是否合格。陶柏明的这一发明得到工段领导和质量检查工艺员的表扬。

1993年9月，焦化厂开展标准岗位评比活动，配煤室的配煤工积极参与，相互督促，相互鼓励，努力使配煤工成为第一批标准岗位。陶柏明也拿出在皮带岗位时的做法，不开机配煤时就用扫把清扫皮带支架，用水冲配煤室地板，让配煤室任何时候都保持整洁，物品有序摆放，机器光亮如新。在他的带领下，各班组配煤工在做好配煤工作的前提下，做到交班清，接班严。在大家的共同努力下，配煤岗位成为第一批标准岗。

大家在工作中得到锻炼，能力得到提升。若干年后，振动筛调节的配煤方式被自动化配煤系统代替，人工清理结煤也改由风炮进行。当时的这几个配煤工，都成了焦化厂的技术骨干或优秀的基层管理者。

 第四章　在管理岗位上

抗洪抢险保生产

　　1994年6月17日，由于连日大雨，三煤场两条皮带全被淹没，由党员、团员青年组成突击队，参加复工复产突击活动。看到身边党员不畏艰难苦累冲锋在前，即使脚踩进煤浆里，手磨出水泡，也全然不顾。陶柏明想起来到柳钢的前夜父亲的叮嘱，要加入党组织，成为一名光荣的共产党员。不畏艰难苦累冲锋在前，守护国家和人民的利益，就是党员的神圣职责，他始终向往成为共产党员。

　　1996年1月24日，陶柏明庄严地向党组织递交了入党申请书。从此以后，他向身边党员看齐，向党员学习，带领班组成员完成生产任务和经济技术指标，做好安全生产、设备维护、料场管理等工作，争取早日成为一名中国共产党党员。

　　1996年7月19日，百年不遇的特大洪水浸泡了整个柳州。陶柏明家当时租住的是一间二层楼高的红砖房，到了下午两点，一楼已经被水泡了。看着怀孕九个月的妻子，他想自己还要上中班，想着自己已经向组织递交了入党申请书，是入党积极分子，作为班组长，他不能不进厂抗洪抢险！妻子在这时对陶柏明说："你放心去，没有大家哪有小家？我和孩子等你回来。"于是，他将妻子送到隔壁高楼的一位阿姨家中，请她帮忙照顾妻子，然后去上班了。一路上，他游泳、徒步、涉水，终于赶到了柳钢，投入抗洪抢险中。

陶柏明在工作上成绩突出，在抗洪抢险中做出表率，第二年，他被党组织吸收为预备党员，一年后，成为正式党员，没有辜负父亲的期望。此后，他更是牢记入党誓词，不忘初心，积极工作，尽一个共产党员应尽的责任和义务。

2005年6月，连日的暴雨使焦化厂生产现场积水严重，险情不断。6月20日凌晨两点多至早上六点多，由于降雨量过大，焦化厂受煤坑的卸车作业区下水道排水不及时，雨水快速聚积在地面，最深处达0.8米。4号受煤坑出现重大险情，积水从东西两侧下煤坑的楼梯口灌入，整个皮带输送设备被水淹没。3号受煤坑也有水顺着地下、墙壁的缝隙渗入坑内，如果3号受煤坑再被水淹没，炼焦炉将要停产，炼铁厂断粮，外供煤气断炊，工厂生产和职工生活将受到严重影响。陶柏明所在的丁班是中班，他接到厂调度下达的抗洪抢险指令后，当即给各班组组长打电话：立即通知所有组员赶赴受煤坑作业区参加抗洪抢险。他打完电话，快步冲出家门，骑上摩托车向厂区驶去。

自参加工作以来，陶柏明经历过多次抗洪抢险，他对此有一定的经验。到了更衣室，陶柏明换上工作服，穿上水鞋，套上雨衣就朝受灾的煤坑快速走去。离厂近的职工已经赶到并开始抢险，他到现场后，带领丁班的职工，在装载车班的配合下，用装载车从煤场铲来煤，用从化产车间领来的编织袋装煤。一部分职工在水中用装着煤的编织袋堵气窗、固水口。

陶柏明全身心投入抢险工作中。他看到4号受煤坑由于地势低洼，周围没有挡水墙，再加上水从气窗和墙壁的缝隙渗入坑内，向厂领导建议：目前4号受煤坑已多处进水，抢险的成效不大，而3号受煤坑有防内涝的设施，地势相对高一点儿，可以抵挡一阵，目前两边抢险人员分散，不如放弃4号受煤坑，集中全部人力、物力，力保3号受煤坑，可保证四焦、五焦的煤料供应。

厂领导说："一定要保住3号受煤坑！"方案一定，立即实施。看到领导干部与自己一样不怕脏、不怕累在水中抢险，现场的职工备受鼓舞，士气大振。陶柏明也向丁班职工喊道："人在阵地在，考验我们青年文明号的时候到了！"丁班是自治区级的青年文明号集体，班组的墙上挂有一块匾，上面写着：风正、气顺、心齐、劲足。这八个字代表的就是一种铆足劲儿干的精神。

陶柏明和搭档小李组织丁班班组成员转战3号受煤坑，装煤袋、运煤包、砌挡水墙。雨衣破了，衣服湿了，水鞋早已经灌满了水，提煤包的手也磨出了血，大家全然不顾，一心想的是排内涝保生产。大家齐心协力，3号受煤坑于21日凌晨1：40恢复卸车作业，第二天上午10：45恢复放煤、堆煤生产，保证了炼焦炉正常运转。

⊙ 2005年，陶柏明参加柳钢职工发扬主人翁精神先进报告会

安全管理有良方

　　安全管理是企业永恒的主题，陶柏明是如何开展安全管理工作的呢？

　　陶柏明以前经常看《冶金安全报》，他特别喜欢"安全诗歌"这一版块的内容。这里有很多关于安全生产的诗歌，他常搜集揣摩，想试着把每个岗位关键的安全行为或危险源编成四句或八句的诗歌，朗朗上口且能达到正脑、正心和正行的效果。

　　陶柏明搜集剪贴了很多有关安全的诗歌，供自己学习借鉴。他慢慢找感觉，可总感觉别人编的诗歌都非常押韵，自己编出来的却没有那个韵味，这让他很苦恼。

　　2013年的一天，陶柏明到公园去晨跑，前面有一位老人，背着一个随身听，放着山歌。他觉得非常有意思，便问老人："这山歌非常好听，是谁唱的？"老人告诉他："是广西山歌王'武宣婆'郭秀莲唱的，她经常在江滨公园和鱼峰山公园唱。"

　　听老人这样说，陶柏明萌生了一个想法：广西是壮族自治区，也是山歌之乡，能不能用山歌的形式编安全歌？他上网搜索"武宣婆"郭秀莲的资料，得知她不仅是山歌王，在广西山歌王中王大赛中获得冠军，还参加过中央电视台的《非常6+1》，其演唱的山歌在央视多个频道播放，也是全国"基层理论宣讲先进个人"。

唱山歌是陶柏明的兴趣爱好，也是他进行思维训练的方式之一。正因如此，他认为只有歌唱者脱口而出，做到不假思索见人唱人、见物唱物、见山唱山、见水唱水时，才能达到思维和行为的一致。于是他决定去拜师。

在一个双休日，陶柏明来到江滨公园，远远地就听到有人在唱山歌。他走近一看，发现很多山歌爱好者围坐着听"武宣婆"唱山歌。"武宣婆"穿着一套红色的壮族服饰，在音乐的海洋里遨游，也带领身边的人沉浸在美妙的音乐世界中，这是陶柏明第一次在现场听山歌。

中午时分，人少了，陶柏明走上前，向"武宣婆"表明来意——想拜她为师学习唱山歌，并把学唱山歌的目的一一告知。陶柏明的诚心求教打动了"武宣婆"，他拜师成功。经过师傅的悉心传授，陶柏明开始编岗位安全歌。

堆取料机岗位：

上下行走防坠落，

限位抱刹勤检查；

进退回转防坠落，

行走升降须回零。

检修岗位：

　　电器合闸防触电，

　　断电挂牌能量锁；

　　检修安全四确认，

　　签名挂牌保安全。

卸煤机岗位：

　　上下楼梯防坠落，

　　行走卸煤下无人；

　　链条抱刹销钉挂，

　　挂钩拉车前无人。

除尘岗位（岗位与机动）：

　　上下楼梯防坠跌，更换布袋要小心；

　　处理问题要互保，机械伤人要记牢；

　　手柄撬棍会反弹，用力站稳要瞭望；

　　灰仓开盖要关好，可防自伤保安全。

集控、可逆（岗位与机动）：

　　生产运行监控好，系统检修要互保；

　　可逆作业有危险，挤压坠落防窒息；

　　外委检修先确认，告知断电和挂牌。

皮带岗位（全员）：

巡检皮带防滑跌，设备转动莫清洁；

托辊更换措施好，检修作业监护全；

防护栏杆围护好，卫生清扫才安全。

陶柏明为丰富车间安全管理文化，根据岗位安全操作规程和危险源风险控制表中的内容，提炼出安全核心关键点，用山歌的形式编写成安全歌，并在班组试验。大家过去在班前会上随意坐，现在他把相同岗位的职工安排坐在一起，比如摇动给料机工、卸煤机工、堆取料机工、皮带工都有各自的位置，由相同工种的职工一起读自己岗位的内容，共性的皮带岗位则大家一起读，从而实现了天天学规程，日日控风险，个个讲安全，突出了安全学习的趣味性、针对性和全员参与性。

大家一起大声读不仅能牢记岗位危险源关键点，而且能产生共鸣，丰富了安全活动。当安全深入人心时，才能转化成行为。陶柏明还推出了一系列安全管理方法，如成立设备维护小组，为班组安全生产打下了坚实的基础。

随着技改项目的建设和企业改革，原车间的钳工班划归动修车间统一管理，且人数在减少，中夜班不设维修人员。在这种情况下，为了保证生产顺利进行，班组必须能够独立处理一些小的故障，于是陶柏明带领的丁班率先在车间班组中成立了设备维护小组。

陶柏明成立设备维护小组，是为了解决班组在生产过程中出现的一些小的设备故障，保障生产顺利进行。当他把这一想法告诉班组成员时，得到了大家的支持。刚好丁班有一名在钳工班工作过七年的职工，由于工作需要转岗到生产班，该职工对设备较熟悉。为了发挥他的长处，经班组成员讨论，成立了以该职工为组长，包括两名设备机长和两名班组长共五人的设备维护小组。这些成员对所操作的设备比较熟悉，而且工作积极。小组成立后，陶柏明制定了小组职责及津贴管理原则，使班组形成了以小组为核心的维护力量，在生产中发挥了积极的作用。

2003年11月5日中班，由于班组的卸车任务重，卸煤料线的设备连续运行，摇动给料机的开煤坑闸板顶杆销钉焊接处因疲劳脱焊而断脱。没有销钉，这台机器就无法工作，而此时来煤较多，等钳工从家里赶来处理需要几十分钟，会影响卸车，造成车皮延时。在这种情况下，维护小组的成员自己想办法，他们检查后发现，顶杆尾部还有一节未断，便找来工具，在该处捆一铁棍，作为临时销钉。经过一番处理，生产又能正常进行了，还为钳工到来维修赢得了宝贵的时间。

陶柏明在班组成立设备维护小组的做法，得到了车间领导的支持。车间领导不仅为小组配备了必要的工具，还在车间内推广陶柏明的做法。

屡破卸车纪录的先进班

柳钢产能不断扩大，从有效益的一百万吨增长到千万吨钢，原燃料运输量也在增加。运煤进厂的火车车皮数量增加了，但卸车设备没有增加。特别是自2008年以来，每天进厂的火车车皮数量平均超过七百个，最多时超过一千个。卸车不及时，将受到铁路部门的处罚，轻者罚款，重则停发车皮，造成原料进不来、产品运不出的严重后果。卸车效率问题已经成为柳钢生产经营的瓶颈。

针对这个问题，柳钢集团领导班子及时调整战略，提出了"以卸保运，以运保供，以供保产，以产保效"的经营策略，并成立了以总经理为组长的卸车工作小组，卸车工作一时成为柳钢生产经营的头等大事。此时，陶柏明正担任值班工长，面对日益严重的卸车难题，他在班组里提出"保卸车、压停时、提效率、增效益"的口号。

2008年8月3日7：30，陶柏明换好工作服后走进值班室，夜班的班长对他说："你们班108车的纪录昨天被我们班打破了。"他赶紧问是多少，"114车。"他心中产生再破纪录的想法。

7：45，陶柏明组织班前会，他在会上向全体班组成员通报了

8月2日兄弟班的卸车生产情况，说："我们创造的108车的纪录已经被打破了。"话音刚落，全班组一片"哟"的感叹声。见此，他动员道："作为一个先进班组，我们的纪录成了历史，但我们不能停步，还要继续创造成绩，等会儿上岗位接班后，各卸车堆煤系统要按照我的指挥及时上岗，来车沟通，取样及时，卸车快速，协助清车，开机到位，报空准确。希望我们再创一个新的纪录！"班组成员一致赞同。

8：00班前会结束，陶柏明前往三煤管，指挥三、四系统的堆煤料线全部开机起动，抓紧时间堆完上个班交下的煤，清空受煤坑，为卸车做准备。

因来车较多，柳钢集团总经理非常着急，也赶到焦化厂原料车间的卸车点进行调研。在受煤坑，总经理问陶柏明："今天卸车能超过夜班吗？待卸车实在太多了。"他回答："一定能超过，请领导放心。"

8：40，五系统组长汇报：五煤坑进九车煤。

9：00，煤管工汇报：三系统进四个车皮，四系统进八个车皮。

三个卸车作业区按部就班地进行着卸车作业。陶柏明在几个卸车作业区中巡查，监察安全作业情况。一个小时后，三个系统所进的车就卸完了，很快三个系统又进了二十车皮精煤。

10：35，厂调度员打来电话："现在已陆续来一百多车，你要抓紧一点儿。"陶柏明一听有上百车了，便保证今天卸车一定在一百车以上。他一边接电话，一边赶回三煤管室。厂调度员已经在煤管室等待，陶柏明与他分配好工作："厂调度负责做好与运输调度的联系，我负责做好与运输联办和编组站的联系，并协调好各生产料线的作业。"接着，陶柏明向三个卸车系统的料线组长下达了启动班组卸车紧急预案的指令。

12：00，三煤坑已经卸完了第二组六个车皮，差不多一个小时还未进煤。调度员反馈，由于所进待卸车还未过磅，需要等一会儿，准备进一组煤，但此煤硬煤较多，可以先试试卸不卸得了，待别的煤进后，卸不了的再拉走。陶柏明想有煤卸总比没有强，立即着手准备卸硬煤，要求卸煤机工采用"卸硬煤'五字'操作法"进行卸车操作。

12：20至12：40，三个系统进了十七车煤，其中有六车硬煤。

煤管室里热闹又紧张，陶柏明与运输联系的电话不断："三煤坑差最后一个车，请问下一组有什么计划，准备进几车，什么煤种？""肥煤卸完后，计划进九车瘦焦煤。""四煤坑已经差不多卸完，有何计划？可以有九车吗？九车卸完还能再来九车吗？""有，两组都是九车进。"……得到运输部门给的即将来的车数、煤种信息后，陶柏明就与料线组长分析："时间很紧，我们要组织人员协助清车皮，争取时间。"

大伙儿经过仔细测算，按照这个进度，全部卸完可达112车，大家都有点儿着急："112车与纪录114车比，还差两车，怎么办？"大家商议："破还是不破？"陶柏明说："一定想办法破。"于是，他给厂调度员打电话，请求厂调度与运输调度联系，补送三个车皮，满足他们破纪录的愿望。厂调度员听了他们的想法，说："等我十分钟，我与运输调度联系。"十分钟后，厂调度员打来电话说："运输调度已经答应。"陶柏明听完，与组长们相视一笑："豁出去了，干！"

13：40，陶柏明组织四人赶到最紧张的四煤坑，一面组织卸煤机工和摇动工采用"两头卸和清前放后"法作业，一面组织力量与清车协作工一起上车清理车皮。清车协作工看到他们都上车帮助清车皮，也加快动作，仅用三分钟就清好了一个车皮……这一组九车仅用四十分钟卸完，并清干净，绑好车门，创造了卸车速度的纪录。当陶柏明把卸完车的信息向运输和调度反馈时，他们有点儿不敢相信。

14：45，三煤坑推进了九车瘦焦煤，陶柏明又带领班员转战三煤坑，采用与四煤坑一样的作业方法卸车……

15：00，五料线组长打来电话：五煤坑推进最后一组九车。陶柏明看了看时间，一个小时完全能卸完，就提醒："注意控制卸车量，不要过大，时间完全够用，确保安全生产。"

15：30，调度打来电话说："增加的三个车皮马上到达，做好接车取样工作。"陶柏明组织班组里卸车技术能手从五煤坑过来支援卸车。

15：45，三个车皮到位。卸车能手仅用三分半就卸完一车，不愧为卸车能手，又创造一个纪录……

15：55，四系统汇报：四煤坑九车已经卸完。

16：00，五系统汇报：五煤坑九车已经卸完。

16：10，卸完第115车。

陶柏明带领丁班卸车料线职工一鼓作气，又一次刷新了班卸车的纪录，车间当日的卸车量创造了314车的新纪录！

第二天，还是上白班，陶柏明一到厂里，就接到厂文书记打来的电话："祝贺你们创造了新的班组卸车纪录。"他听到领导的祝贺，心里比吃了蜜还甜，连声说："谢谢书记，这是我们应该做的。"

文书记告诉他："你们再创纪录，柳钢集团工会李主席今天早上听到消息后非常高兴，九点钟将带领工会的同志到你们车间的卸车现场，慰问屡创纪录的你们！还要送来破纪录奖励。"陶柏明把领导要来的消息电话通知了几个料线组长，让他们分头告知料线的员工，他知道取得这个成绩是全体成员共同努力的结果。

由于卸车破纪录，集团领导还带队到现场来奖励丁班，这让全班职工兴奋不已，纷纷表态：我们一定要再创新纪录。从108车，115车，125车，136车……167车！陶柏明带领丁班，狠抓卸车工作，卸车纪录也一次又一次被刷新。以至于在焦化厂和集团领导的印象里，只要在调度会上听到班组破纪录，就会下意识地问："是不是陶柏明那个班？"这在柳钢集团被称为"柏明效率"。

由于在卸车方面做出突出贡献，陶柏明也在2007年、2008年连续两年获得柳钢"金牌工人"称号，在2009年、2010年被聘为技师带头人，还被评为2009年度柳州市劳动模范。

⊙ 左图　陶柏明获得2007年度柳钢十大金牌工人证书
⊙ 右图　陶柏明获得2008年度柳钢十大金牌工人证书

三个突击队的力量

党员惜煤、护煤突击队

2011年12月的一天，厂党委把陶柏明调回备煤车间担任党支部书记。为了把车间工作完成得更好，同时把党建工作融入生产经营，陶柏明每日努力学习，他想成为懂党建、懂业务和懂民心的基层党支部书记。

焦化厂有三个比较大型的料场，都是露天的，最怕淋雨。每到雨季，都是原料车间的工人比较辛苦的时候。一场大雨会把露天的煤料冲塌、淹没轨道、冲垮设备，这时候都需要人力去清理恢复。还有一些煤料被雨水冲到料场边缘和排水沟里，如果不及时回收，煤就会白白流失。

陶柏明参加工作以来，几乎每天都在与煤打交道。在他的眼里，煤不仅是原料，更是生命。想方设法保护煤料，减少煤流失，是陶柏明对煤永远的誓言，这也是他在党支部成立党员惜煤、护煤突击队的原因。

陶柏明思考班组文化建设的系统有三个，第一个是理念系统，第二个是展示系统，第三个是育化系统。文化建设的系统是相通的，他尝试引入党支部建设。他组织支部党员通过大会讨论，开展一个既不过多占用党员的业余时间又能让党员积极参加并具有长效影响力的活动。

支部党员通过讨论，提出了活动的理念和口号："我是党员，我是先锋。"具体活动方案如下：

活动事项	具体内容
品牌名称	党员惜煤、护煤突击队
品牌内涵	树立党员先锋模范作用，让党员形象在岗位上得以体现，更让职工看到共产党员在艰难工作中的表现。让党员强化自己是一名党员的意识，让群众看到党员就在自己身边
品牌创建目标	以党员优质增效先锋日为载体，通过活动的形式，让党员在日常的工作中发挥先锋模范作用，带动普通职工积极投入优质增效活动中，为企业降本降耗做出贡献
预期成效	通过每月至少一次一小时的活动，把岗位现场每一处边角、皮带死角的积煤和排水沟内的积煤回收 为现场6s（6s即整理、整顿、清扫、清洁、素养和安全6个方面）管理达标 减少煤流失，为企业降本降耗 党员先锋模范作用得到长效体现
活动时间	每周的星期五为活动时间，推动党员在生产岗位上、在最苦的环境中发挥好党员先锋模范作用
主办单位	原料车间党支部

续表

活动事项	具体内容
活动内容	每月至少选择一个周五的上午，从8：30到9：30，或日常工作时间，组织成立生产班，当班能离开岗位的党员和常白班的党员，以及入党积极分子、共青团员、青年文明号成员、退役军人、上进青年和生产骨干等，在原料车间及生产现场清理回收水冲煤、清理排水沟、现场整治等突击劳动，为岗位职工解决一些长期积累的、由于没有时间或工作量大、不能及时处理的问题，还为应对突发的问题组成突击队

　　拟定了活动方案后，2012年3月23日星期五，开展了第一次活动。2012年5月，陶柏明向上级党委申报开展党建品牌创建活动。他们成立了突击队，不仅开展日常的义务劳动，也进行突击的抢险工作。2016年6月14日，柳州市遭遇特大暴雨袭击，几个露天料场的煤都被水浸透。由于环保要求，料场的煤水不能外排，各个料场都出现了煤塌方事件。四煤场414货位的煤由于煤堆的水含量大，底部被水浸泡，出现严重塌方。405皮带也被严重推歪，影响了炼铁厂的生产。此事件受到领导的关注，要求尽快恢复。车间领导班子经讨论决定，组织党员突击队进行抢险。通过大家共同努力，花了四个小时，用人力把皮带通廊全部清理干净，为钳工抢修赢得了时间。

　　活动从2012年3月23日开始，持续到2018年，组织了大大小小的义务和抢险活动六十多次。党员同志100%参加过义务活动。实现了预期成效，车间现场管理达标、减少煤流失，企业降本降耗做出了重要的贡献，党员的先锋模范作用得到了长效体现。

A2翻车机班突击队

2010年1月27日至8月21日，陶柏明在A2翻车机班任班长近七个月。到这个班的第一天，他就组织全体成员召开了一次班务会，提出了班组的文化建设体系：

类别	内容
理念口号	A2，A2，数一数二
执行力	以党员为骨干，像军人一样服从命令、听指挥
责任	做好设备维护，完成好每一天的细致工作

班组文化建设的导入，调动了班组中的党员、退役军人参加班组管理的积极性，班组成员也很快地融入了焦化厂的管理氛围。

2010年8月21日，由于工作需要，陶柏明被调离了备煤车间。

2012年，他又被调回原料车间。这时担任班长的是他的徒弟林海。林海也是共产党员，退役军人，一直积极参加党支部突击活动。

2013年5月18日，车间党支部开展优质增效先锋日活动。林海跟班组成员说："你们想不想参加义务活动，体验一下别的班组是怎么做的？他们比我们辛苦多了，他们有料场，我们没有。"在林海的带领下，他们班组八个人一起来到当日开展义务劳动的一煤场西头。当他们看到党员同志们不顾脏累、奋力铲被水冲到料场围墙外的煤时，也立刻加入其中。

在休息时，一位退役军人小黄跟陶柏明说："书记啊，反正我们车间都要铲煤，我们A2翻车机班能不能成立个突击队？我们有九名退役军人，要把军人的精神带到企业里！"A2翻车机班突击队由此诞生。

一天，陶柏明双休日值班，他到各料场巡查。前几天下大雨，各料场都有煤料被冲到堆取料机轨道上的皮带下，他查看各作业区清理得怎么样。他沿507管道皮带通廊，向五作业区的料场走去。走到机尾时，听到从料场方向传来一阵歌声："团结就是力量，团结就是力量，这力量是铁，这力量是钢，比铁还硬，比钢还强……"

陶柏明带着疑惑，加快了脚步，走上505皮带机头平台，向前望去，只见一面红旗飘扬，在黑黑的煤堆里特别耀眼。正在清理皮带积煤的人不是五作业区的，他便猜到是A2翻车机班突击队在行动。他再往前走，歌声停了下来，他们看到车间领导来了，有点儿不好意思。这时林海走了过来，叫了一声书记。

陶柏明问："双休日组织义务活动，不跟车间打声招呼？"

林海说："我们跟五作业区的班长联系，问是否需要支援，他说需要，我们就过来了。"

A2翻车机班突击队自发成立，主动工作，不畏艰辛，不计报酬。陶柏明被突击队的行为感动了，把他们的事迹告诉了报社记者。八一建军节前夕，记者到班组进行了采访，并在当地电视台

《我们》栏目进行报道。报纸留名，电视台留影，这极大地激励了突击队成员，他们的工作积极性更高了。

2014年7月24日，一煤场西头因多次大雨，一些煤经过沉淀池流入围墙外边的排水沟。清理这个地方的积煤难度非常大，因为围墙有十米高，必须先装煤包，然后用吊车装吊篮把煤包吊到料场边，再把煤包装在装载车上运到料场内，把煤包里的煤倒出来，将煤包清理干净。

在班组长会上，陶柏明提出组织人员清理。还没来得及组织，林海就主动请缨："让我们突击队来干！"第二天，有下夜班的、有上中班的、有休息的，一共十四名突击队队员来到现场，领来一千个编织袋，下到围墙外的排水沟里开始清理。突击队花了一周的时间，把排水沟的煤料全部清理完毕。陶柏明跟主任申请奖励突击队，主任非常赞同。他们把突击队队长林海叫到办公室，说要对他们进行奖励，想不到队长说出这么一句话："主任、书记，如果要奖励，我们就不是突击队了，你们只要给我们点个赞就可以了！"

2015年8月，柳钢党委宣传部、柳钢电视台得知突击队的事迹后，以此为原型故事，拍了一部微电影《承诺》，并参加了"中国梦、劳动美、幸福路"第二届全国职工微电影大赛，评分排第十四名，获得最佳创意奖。微电影里面的一句台词"一生护煤，无怨无悔"随着微电影的走红，在全国喊响，在柳钢集团内被称为"柏明精神"，这是陶柏明职业生涯的真实体现。

2021年6月24日，陶柏明被全国机械冶金建材工会选中，参加在嘉兴南湖边举办的"庆祝中国共产党成立100周年：讲工匠故事，展劳模风采"主题活动，成为事迹展示的六人之一。

目前，微电影《承诺》仍在柳钢展览馆和"钢铁堡垒聚焦点"循环播放。"一生护煤，无怨无悔"成了柳钢的一种奉献精神，激励着一批又一批柳钢新员工。

青年志愿者服务队

车间团支部书记谭翔锋向陶柏明汇报团组织的工作，因受A2翻车机班突击队的事迹的启发，谭翔峰提出了自己的想法，获得了陶柏明的支持，青年志愿者服务队诞生了。青年志愿者服务队成立后，他们也像A2翻车机班突击队一样，积极参加车间组织的突击活动，还参加厂团委组织的活动。陶柏明指导他们像党员活动周一样去开展活动，列出服务队一个月最少两次志愿活动，让全体青年员工参与其中。

青年志愿者服务队的活动得到了领导的认可，得到了市国资委党委的认可，2017年，青年志愿者服务队被国资委党委授予"优秀共产党员示范突击队"荣誉称号。

⊙ 陶柏明（左）参加党员突击队成立仪式

⊙ 上图　2016年，陶柏明（右一）在原料车间青年志愿者服务队成立仪式上讲话

⊙ 下图　2018年，陶柏明（右一）带领突击队队员冒雨进行围堰

把柳钢精神带到首都去

2012年4月，由于工作出色，陶柏明被中华全国总工会授予全国五一劳动奖章。2014年国庆节，恰逢中华人民共和国成立65周年，陶柏明光荣地成为广西唯一的先进模范代表，与来自全国各地的87名国家级劳动模范一起参加了"庆祝中华人民共和国成立65周年"系列活动。

陶柏明这样描述自己当时的感受："一到首都，我做的第一件事就是把柳钢的工作服换上。经常在电视上看到身着民族服装的各民族代表参加在天安门广场举行的庄严的升旗仪式，我也特意穿上柳钢工作服，在天安门广场参加升旗仪式，把柳钢精神带到首都，感觉特别好。"

国庆节那天清晨四点，陶柏明和来自各省市的全国劳模们一起站在天安门城楼右侧的观礼台上，他手持五星红旗，身穿柳钢工作服，怀着无比激动的心情，等待升旗仪式开始。看着冉冉升起的国旗，陶柏明脑海里想象着六十五年前的这一天，毛主席站在天安门城楼上向全世界庄严宣告中华人民共和国中央人民政府成立的伟大时刻。现在，作为一个从火车皮清扫工成长起来的先进模范人物，能站在观礼台上，听习近平总书记讲话，观看升国旗仪式，他十分骄傲和自豪。他热泪盈眶，在心中发誓：要报答培育我成长、成才的企业，要报效我的祖国。

陶柏明回到柳钢后，《柳钢报》记者采访他，他说："在柳钢工作了二十多年，穿了二十多年工作服，第一次强烈感觉到工作服是如此神圣，穿上它如此自豪。"后来，记者据此写了一篇新闻报道《把柳钢精神带到首都去》。

陶柏明获得全国五一劳动奖章后，他的事迹不仅影响了身边的人，也成为更多人前进路上的榜样。

箭盘山小学教育集团计划开展庆祝建党100周年主题课程展示活动，以主题教育的方式献礼党的百年华诞，向柳州工业发展史致敬。他们计划从柳州市寻找三位在工业发展方面具有代表性的先进模范人物，把这些模范人物的事迹编成情景剧。他们来到柳钢集团，领导推荐了陶柏明。2021年3月25日的下午，柳钢集团工会劳保部联系了陶柏明。

陶柏明与箭盘山小学的温校长联系之后，心想：这是庆祝中国共产党成立100周年的活动，既能展现柳州的工业发展，又能展现柳钢的发展，参加这个活动他责无旁贷。于是，他询问温校长自己需要准备些什么内容。正好第二天陶柏明有一场事迹报告会，双方沟通后，温校长要听完现场报告再决定。第二天，温校长一行五人来到广西壮族自治区国资委党校，现场聆听陶柏明的事迹报告。陶柏明从自己出生、读书讲到参加工作，从第一个岗位火车皮清扫工讲到现在第八个岗位厂工会副主席，从第一个荣誉"焦化厂先进生产工作者"讲到全国五一劳动奖章，还有自己学习的故事、创新的故事……

报告会结束后，温校长一行人非常激动。温校长说："您的故事太丰富了，我们也从您的报告中找到了我们想要的，不光要给小朋友们讲，有机会还想请您给我们的老师也讲讲。"

"谢谢你们给我这个机会，我也希望我的经历能够激励更多人，需要我做什么尽管说，这是劳模的责任和义务。"陶柏明对温校长说。

4月25日，陶柏明接到一个陌生电话，是柳北区中国关心下一代工作委员会（简称柳北区中国关工委）的梁主任打来的，梁主任向陶柏明介绍了中国关工委，并邀请他参加长塘小学举办的"传承大庆精神、铁人精神，争做新时代好少年"主题班会。

在双方沟通后，陶柏明确定了自己的演讲主题——不忘初心使命，勇创一流业绩。他准备讲述自己从火车皮清扫工成长为高级技师、工程师、政工师，从普通劳动者到全国五一劳动奖章获得者的成长历程和心得体会。接受任务后，陶柏明把原演讲内容浓缩，演讲时加上"学习是一切改变的根本"等内容，鼓励同学们勤奋学习、刻苦钻研，用知识改变命运。同学们纷纷发言，畅谈自己的感受，表示将向陶柏明学习，做一个不怕困难、艰苦奋斗、有责任感、有担当精神的人。

不久，陶柏明接到箭盘山小学温校长的电话，通知他箭盘山小学的主题班会将在6月11日召开，届时学生们会把陶柏明的故事改编成话剧搬上舞台，所以特别邀请他参加。

6月11日，陶柏明开车赶到箭盘山小学，他一路上都在思考，

⊙ 2021年，陶柏明参加柳北区关工委的活动，与同学们合影

学生会怎样演绎他呢？演出结束后，小演员们围着陶柏明，摸着他披在身上的绶带，不断发问：

"陶叔叔，你好厉害哟！"

"陶叔叔，你真的能用一根旧水管解决一个问题吗？"

"陶叔叔，我像你一样努力也可以成为劳动模范吗？"

陶柏明不停地回答着孩子们的问题，十分高兴。合影的时候，他把绶带戴在拥抱他的学生身上，他相信祖国的下一代会延续这一荣誉。

通过这两次走进学校，参加关心下一代的宣传教育活动，陶柏明又有了新的追求：关心、教育、培养青少年健康成长，加强青少年思想道德建设，引导青少年树立和践行社会主义核心价值观，支持和帮助青少年成长成才，团结教育广大青少年听党话、跟党走。

⊙ 上图　2022年六一儿童节前夕，陶柏明给少先队员讲成长故事
⊙ 下图　陶柏明给少先队员讲"一生护煤，无怨无悔"的护煤故事

职工最信赖的"娘家人"

探望生病住院的职工

2017年8月15日凌晨4：50，起床闹钟还没有响，陶柏明就醒了。他洗漱完毕，赶紧穿好衣服，走出房间。他昨天跟厂党委书记、工会主席陈书记，工会副主席邓主席约好，5：30一起去赶火车。

他们这次远行的目的是到南宁慰问生病住院的车间工人小黄。原本陶柏明和邓主席约好一起去，在向厂党委陈书记汇报此事时，陈书记说他也去，让陶柏明一起买火车票。这让陶柏明非常感动，陈书记的工作非常忙，还专门抽时间到二百五十公里外的城市慰问生病住院的职工，这体现了企业对员工的关心、领导对员工的关爱。雨一直下着，一行人在雨中辗转。10：00，他们到达目的地。陶柏明打开小黄发给他的信息，按照指示牌一路找寻。

小黄已经住院四十多天了，动手术需要二十万元，可还差五万元，小黄的家人便发起了网上筹款。小黄的哥哥加了陶柏明的微信，说明了小黄的现状，希望他们能给予帮助。陶柏明把筹款链接发到了车间的联系群里，单位的领导、同事和工友们得知，都伸出援助之手，你五十我一百，一天多的时间就筹够了五万元。

看到领导们，小黄十分感动。小黄的姐姐从弟弟口中得知，单位领导从那么远的地方特地来看望和慰问他，也特别感动。陈书记拿出单位的慰问金，安慰小黄并鼓励他："好好养身体，健康是第一位的。有了健康的身体，才会有一切！"邓主席也讲了一些医疗保险和重大疾病互助的信息，提醒他收好各种医疗票据，报销时提供。

陶柏明叮嘱他："休养期间，有什么需要帮助的，就与我联系。祝你早日恢复健康，工友们还等着喝你的喜酒呢！"小黄听后哈哈笑了。

成立广钢建设者焦化本部解忧服务队

2019年1月18日，陶柏明与集团公司领导到"一体两翼"建设中的防城港钢铁基地慰问，回程时，陶柏明在车上接到厂党委陈书记的电话，说厂党委决定提名他为厂工会副主席。

2019年，柳钢开启沿海布局，打造"一体两翼"钢铁版图，作为第一道工序的焦化厂建设尤为关键。为落实集团"一厂建一厂，一部带一部"的指示精神，许多干部职工舍小家，顾大家，投入防城港钢铁基地项目的建设中。

2019年7月的一天，一位到广西钢铁焦化厂调研的领导对陶柏明说："广西钢铁焦化厂的建设者，因远离柳州本部，家里有急事不能及时赶回来，希望本部组织人员帮助他们。"

陶柏明听到后马上说："为让建设者安心和放心，这事我来解决。"陶柏明通过调查研究，与广西钢铁焦化厂对接，组织各分会成立了广钢建设者焦化本部解忧服务队。服务队为建设者解决工作、生活、家庭琐事等大小问题约二十八项，为提高服务质量，本部还设立了专门的心理辅导室，定期与广西钢铁焦化厂综合管理部门联系，加强沟通，听取职工们的意见和建议。

2019年10月的一天，陶柏明收到信息，到广西钢铁焦化厂参加防钢建设的职工林师傅因家里老人需要照顾，其家属强烈要求他调回本部。因为正值建设期，人员随意流动会影响职工思想的稳定，陶柏明向厂领导汇报后，决定到林师傅家里走访，了解情况。

通过这次走访，陶柏明了解了林师傅的家庭情况：他54岁的岳父2017年在工作时突发脑出血瘫痪在床，吃饭喝水都要人照顾，已经两年多了。通过交谈他还了解到，林师傅的岳母也患病，动过手术。林师傅自己的父母六十多岁，上面有三个姐姐都已出嫁。听到这里，陶柏明的眼睛湿润了，他说："家庭情况这样，林师傅还服从安排到广钢参加建设，确实不易。"陶柏明回到厂里，如实把林师傅的情况向厂领导进行了汇报，不久林师傅就被调回了柳州。

解决职工的操心事、烦心事、揪心事

有一次，陶柏明在一线班组调研，有职工提出单位里的洗衣机、冰箱坏了以后没有及时修理，无法使用；衣服因干活儿时出汗没能及时清洗，堆在更衣室散发出难闻的味道。他又到机电车间进行走访，通过协调，由机电车间安排几个技术过硬的维修电工，成立了厂区生活电器维修服务队。

为了使职工代表积极参与民主管理，陶柏明组织职工代表开展活动，还开创性地轮流到各分会去，定期组织职工代表开座谈会，聆听代表们的建议，并反馈给相关部门，不仅为企业的生产经营助力，让职工代表也有了参与感、存在感。

"帮助解决职工的操心事、烦心事、揪心事。企业发展，职工舒心，工作才更有价值，前进才更有动力。"这是陶柏明在工会副主席岗位上的一种工作态度。由于工作有创新、有效果，陶柏明获评柳钢集团2019—2020年度优秀工会工作者，荣获2020年度柳州市"安康杯"竞赛组织工作优秀个人、"柳州市2021年度优秀工会工作者"称号，焦化厂工会也获得了"模范职工之家"荣誉称号。

 第五章　行业典范的榜样力量

成为"五小"改善达人

开始岗位创新之路

"五小"攻关，是一线员工的创新之路。"五小"即小发明、小革新、小创造、小建议、小设计。陶柏明经历了从本能创新到学习创新两个阶段，2002年前是本能创新，2003年后属于学习创新。

2003年7月的一天，柳钢集团团委组织青年文明号负责人到玉林市开展学习交流活动。在去参加活动的路上，柳钢集团团委韦书记给大家讲了一个创新的故事：一个渔民在水壶中的水开后，无意中拿起织渔网用的锥子，在水壶盖上一戳，发现刚刚还呜呜直响的水壶竟然不响了，渔民像发现了新大陆一样，把戳了一个洞的水壶盖申报了国家专利。

听到这里，大家都发出"哇"的一声赞叹。陶柏明感觉好像进入了新的世界，他希望自己也能成为一个有创新力的人。

过了不到一周，韦书记打电话给陶柏明，叫他去办公室一趟。韦书记对他说："那天外出调研，我讲的那个创新故事，发现你非常感兴趣，我有一本书送给你！"陶柏明接过这本名为《创新思维训练》的书，说："谢谢书记。"韦书记说："这就是一本教人创新的书，你回去好好看看。"

陶柏明便在工作之余认真阅读这本书，刚看几页就上瘾了，这分明就是一本教人变聪明的书啊。一本书，两个故事，打开了他脑海中岗位创新的大门。后来，他又买了不少有关创新和解决问题的书，把所学的方法运用到班组管理创新和岗位问题解决中去。

2011年11月，陶柏明有幸被选为广西先模考察团成员，去河北考察。当考察团来到唐山时，该市正在举办创新展，当看到一个个创新、发明、小改造时，陶柏明深受启发，特别是看到皮带挤压式清扫器时更是无比专注。他所在的车间就是以皮带输送机为主要设备的生产线，对皮带掉料的清扫是岗位的主要工作之一。随着人力优化、岗位人员减少，自动化要求程度提高，能够减少皮带掉料，也是为企业增效做贡献。他便在皮带挤压式清扫器的介绍展板前拍了一张照片。回到柳钢后，他研究制作属于自己的清扫器。通过组织相关管理人员和设备技术人员研讨，他们制作了十种清扫器。通过创新，他解决了一个又一个问题，这更坚定了他的岗位创新之路。

2019年12月，陶柏明的创新成果在广西职工技术创新成果展示会上得到了展示。

一支小汽笛，解决大难题

在陶柏明担任副班长时，有一项工作是指挥堆取料机为料仓取煤。由于当时的通信设备没有现在发达，取煤时开机和停机方式非常原始，时常发生电机烧坏、皮带拉断等问题。

陶柏明针对这些问题进行了思考，他觉得应该设一个信号灯，于是，便向值班工长汇报了自己的想法。值班工长一听，觉得这是一个好办法，便立即叫电工在上煤仓平台朝料场的方向装了一个灯头。然后，找来500瓦的大灯泡，涂上红色油漆，当料仓要满时，打开信号灯，堆取料的司机看到后就会停止取料，过五分钟后再接着取下一个煤种。

这个方法实施得还算顺利，但有一天夜班，发生了一起工艺事故。

在料仓和煤场之间有一个水处理厂，这天正赶上南风，水汽缭绕，遮挡了观察信号灯人员的视线。料仓操作工已经打开了信号灯，可煤还是源源不断地被送上来。此时的堆取料机司机看不到信号灯，并没有停止取料，料仓操作工被迫拉停料线皮带，皮带停了，但堆取料机司机并不知道，还在继续取煤，取的煤把溜槽堵了，堵得煤又掉在堆取料机的平台上，再掉到地面上，把轮子都压住无法前进了。班组只能组织所有人员来处理，耗费时间，浪费人力，影响生产。

陶柏明又开始思考改进的方法。有一天下班，他路过炼焦炉时，听到汽笛的声音，抬头望去，原来是炼焦炉在进行出焦作业时，推焦车与拦焦车、湿焦车三车对位提示的汽笛声。看到这一幕，他忽然想到能不能把这个方法用于取料时的联系呢？而且料场边有气管通到受煤坑，还有储气罐，有气就好办，这个方案应该可以实施。

第二天，他来到工段长的办公室，提出自己的想法。工段长一听，表示是个好办法，就安排钳工到炼焦工段借了一个汽笛，安装在料场东头气管处。把开关一直引到料仓的操作室，与信号灯的开关并联。信号灯加汽笛声双保险确认的方法投入使用后，解决了联系的问题，也避免了生产故障的发生，受到取煤料线职工的欢迎。

厂宣传员知道这件事后，对陶柏明进行了采访，写了一篇通讯——《一支小汽笛，解决大难题》，刊登在《柳钢报》上。

堵料自停装置

陶柏明长期工作在生产一线，深知皮带输送机岗位操作工最怕的就是堵料。一是影响生产，会给企业和班组造成损失；二是会造成设备损坏；三是操作工个人要受到考核，班组要组织人员前去处理。

一直以来，陶柏明都在想办法杜绝堵料问题。他在班组长岗位时，由于设备和煤料的问题，皮带运料常常发生机头溜槽堵料的情况，严重时还会造成皮带断裂，影响生产，车间对堵料的考核十分严格。为了解决这个难题，他厘清机械工作流程，经过可行性分析，悄悄地给机械做了一个"小手术"——制作了机械简易堵料自停装置。其原理就是在清料门部位安装一个杠杆，一头靠在进料门，一头系着钢丝绳，钢丝绳连接着皮带边缘的拉线开关，同时在开关上挂一个重物。当进料口发生堵料时，杠杆启动，带动钢丝绳拉动拉线开关，皮带便会自动停止，有效地避免了电机强转导致皮带断裂。这个小发明深受岗位职工的欢迎，但缺点是灵敏度不够高，安装十分烦琐，无法大面积推广。这个问题一直困扰着陶柏明。

陶柏明回到原料车间担任党支部书记时，把这项工作当成支部的难点攻关。他带领党员、技术骨干人员，到生产现场转运站进行调研，根据不同结构，设计出十二种类型的装置。需要清理溜槽的都做外拉式，不需要清理的就用内推式，还有下推式、侧推式、活扣式、翻压式、托盘式、抽板式、挤推式、摆推式、滚轮式、门闩式，并把这些堵料自停装置向所有岗位推广。

陶柏明亲自督办，要求维保队伍派专人负责安装堵料自停装置。他每天到安装现场，指导工人安装在什么位置，用什么方式最有效……通过三个月督促指导，所有的岗位都安装好了堵料自停装置。

焦化厂厂长知道此事后，要求陶柏明好好使用和维护这些装置，而且还要他办一个培训班，让每一个职工都能够使用和维护好自己岗位上的堵料自停装置。

后来，转运站溜槽堵料情况再次发生。陶柏明通过调研，提出给关键岗位加装两组堵料自停装置，即推式+托盘式。当开关失灵或煤量超过开关，推式堵料自停装置就会失效，若继续堵，煤会从上部进料口掉下，托盘式堵料自停装置就会被压停。这一改造基本上制止了堵料的发生。

孜孜不倦改造清扫器

解决了溜槽堵料的问题，陶柏明又开始专注于清扫器的改造。打扫卫生是岗位操作工用时较多的一项工作。皮带一开机就开始掉料，所以堆取料机岗位设有两名操作工，一人开机，另一人就要去清理掉煤。

一天，厂领导到原料车间巡查，来到205皮带看到满通廊都是煤浆和顶着皮带的煤泥，要求车间解决掉煤这一问题。于是陶柏明把技术员、班组长召集在一起，开展攻关活动。每天巡查岗位时，他都会认真观察现有的清扫器的使用情况，听取班组长和岗位职工的建议。

一些皮带机是在料场上方的，就可以安装清扫器，把煤直接刮到料场，不让煤料被带到机尾段。于是，他提出安装品字形顶压清扫器。它的安装原理就是在下层皮带的下面装两个可调节的托辊，两侧安装可调节螺杆，根据需要上下调节。在下层皮带的背面，两个下托辊的中间，再安装一个托辊朝下压，通过两顶一压，形成受力，把皮带上黏着的煤挤到料场里。

一个雨天，陶柏明发现经过改造提速的109皮带机头的一个下托辊在运转中不断地甩出煤浆。他产生了灵感：未提速的皮带，只要把托辊改小，不是一样会甩煤浆吗？于是，他找到车间设备主任，提出自己的想法，车间设备主任从专业的角度认为可行。便让设备管理员申报非标50小长托辊，车间的皮带机有1米、1.2米、1.4米三种规格，每个规格各10个。把非标50小长托辊安装在机头靠近溜槽处，托辊小，转速快，就能把皮带上的煤浆甩出来，流向溜槽方向，被皮带带走。使用这种方法，现场整洁了很多，职工的劳动强度也减小了。

陶柏明在现场观察，发现原来自制的梳子式清扫器使用一段时间后，用于清扫本体的皮带胶就会软化，而且梳子式清扫器磨损后需要人工抬起，放至上一档。他想：能不能让它自动上提，而且又能把软化的皮带胶支撑起来呢？他与车间领导班子和各作业长就这个问题进行了探讨，最后决定用槽钢做导轨，用滑轮配重式来提升皮带本体，在槽钢顺下层皮带方向加焊一角钢，角钢离皮带3厘米，用来支撑刮煤的皮带胶。将这个装置安装在204皮带上，效果非常明显，煤浆煤皮被唰唰地刮进溜槽里。

原料车间领导在张厂长的带领下，到烧结厂综合车间进行学习交流。在交流过程中，陶柏明向该车间主管设备的冯主任咨询他们这里皮带岗位上清扫器的使用情况。冯主任向他们推荐了一种高密度树脂板做的刮煤清扫器，效果很好，而且耐用。于是陶柏明与冯主任一起到岗位现场参观，冯主任不仅分享了自己的经验，还拿了两块高密度树脂板给陶柏明试用。

陶柏明将这两块高密度树脂板拿到维修钳工班，与维保人员一起讨论如何制作高密度树脂板清扫器。最简单的方法是在树脂板上打洞另用一片钢夹住，然后将它与用一根50管加焊角钢用螺栓拧紧，安装在205皮带传动滚筒的下部，与刮面呈35°角。试用效果很好，别的作业区班组长和一些职工听说后，强烈要求在车间尽快推广。于是，陶柏明申请了120块高密度树脂板，做成清扫器，将它们逐一安装在岗位上。

陶柏明坚持对皮带岗位小改小革，解决了许多一线岗位的实际问题。工作三十多年来，他所提的"五小"建议解决问题三百多个。

2018年6月，陶柏明参加全国劳模在北京的会议时，全国总工会请来了全国劳动模范、"抓斗大王"包起帆，讲他的创新经历和如何申报专利。当包起帆讲到"只要在岗位，就会有创新，只要有创新，就会有专利"这句话时，陶柏明想到自己虽提出了很多"五小"建议，解决了很多问题，但还没有申报过专利。回厂后，他开始尝试申报国家专利。在厂里新来的大学毕业生卢安邦和谭茜的协助下，2019年至2021年3年时间里，他申报的九项关于皮带问题的改造获得了国家实用型专利，这也打破了大家对"普通岗位没有什么技术可言"的认知。

成为在岗班组长写书第一人

提笔能写，是一名优秀管理者应具备的能力之一。写是总结，是记录思的结果，所以陶柏明十分注重培养自己的写作能力，笔耕不辍。

初中时，他曾经梦想成为一名记者。参加工作后，他报名参加了《芳草》写作函授班，并向毕业于广西大学中文系的《柳钢报》记者文和贵学习写作，慢慢地他也有一些三百字左右的"豆腐块儿"刊登在报上。

2002年9月的一天，柳钢集团企划部主管班建的刘大姐对柳

⊙ 陶柏明（左一）与车间骨干在现场讨论设备改造

钢集团标杆班组进行调研，主要想了解多个标杆班组在班组管理中有何特色。陶柏明向她详细介绍了自己在班组管理中的特色方法，她听后便提出建议："这么多有成效的管理方法，你为什么不把它总结出来和大家分享？"陶柏明有自己的顾虑，他虽然在班组管理上用了这么多方法，但都是从书本中学来再应用到班组管理实践中的。他感觉自己写作能力不足，所以委婉拒绝了。

2003年元月，柳钢集团企划部、工会、团委组成联合检查组，对原有的和新申报的标杆班组、工会建小家和青年文明号集体进行年度综合检查。联合检查组到陶柏明所在的配煤丁班，他汇报了一年来班组管理的情况、标杆班组所完成的生产任务和经济技术指标、组织劳动竞赛的情况，开展各种文体活动凝聚力量、助推生产任务完成情况，在创建青年文明号集体方面，如何创造岗位效益、人才效益和社会效益等。

联合检查组对陶柏明的汇报很满意。刘大姐听完他的汇报，忍不住对联合检查组的领导说："上次我来调研，发现小陶在班组管理上运用了很多方法，我叫他总结出来，他觉得自己能力不足。很可惜，如果能够总结出来，让柳钢集团所有班组长学习，那是柳钢的财富呀！"

柳钢集团团委青年工作部周部长一听，大声说道："陶柏明你写，我们团委帮助你。"柳钢集团工会劳保部的陆部长也说："陶柏明你写，我们工会也可以帮助你。"周部长接着说："我们团委有人，可以帮你。"陆部长又说："陶柏明你写，只要写出来，我们可以帮你印成书。"这时刘大姐忍不住了，也说道："我们企划部也可以帮你印成书。"有了三位领导的支持，陶柏明决定努力完成写作工作。

此后，他开始梳理从1992年当班组长后的这十年，特别是到了先进班组丁班后的做法。为了能写书，他又到书店购买有关班组管理的书籍，一是为了借鉴如何写书，二是充实自己的管理理论知识。

边学习、边总结、边实践是他的写作方法。他业余时间基本上都在学习写作。企划部、工会、团委的领导和厂领导也时时关心陶柏明，当他在写作中遇到困难或瓶颈时，都及时给予帮助。

2004年1月，陶柏明终于完成了书的初稿。企划部的领导也履行诺言，摘取部分精华内容，印刷了五百本《学习型班组的管理》小册子，发给柳钢每一个班组长。2004年5月，柳钢集团工会组织编委会对陶柏明写的内容进行讨论编辑，作为内部刊物，完整印成《学习型班组的管理和实践》一书，共两千二百本，发给柳钢集团每一个班组的班组长。

有一天，柳钢集团工会李主席跟陶柏明说："小陶呀，你写的那本关于班组管理的《学习型班组的管理和实践》，创造了一个全国第一呀！"陶柏明很吃惊："主席，怎么就成了全国第一呢？"李主席说："这次我到北京参加全总的一个会议，我咨询全总的领导有没有班组长写管理书籍的，他们说还没有在岗的班组长写班组管理方面的书，知道的只有你一个，所以，你是在岗班组长写管理书籍第一人。"

　　因为第一本书的成功，陶柏明越来越有信心，他的写作的道路越走越广阔。2006年，陶柏明撰写了《构建和谐班组的管理细节》，在《柳钢人》杂志上连载五期。2008年，他写了《一个职业化员工的成长历程》，总结了自己多年的工作。2014年，他写了《走心的成长》，主题是成长心得和对新员工的培育方法。2018年1月14日到2月4日，他用时二十天，写了《争当新时代基层的好干部》，这是他从2012年到2017年六年支部书记工作的总结。2019年，他动笔写了《一学就会的创新方法》。

　　除此之外，陶柏明积极参加每年的政工论文写作活动。2012年，在担任党支部书记第一年，他所写的《当前形势下支部书记如何做好青工的思想政治工作》一文，获柳钢集团二等奖。2017年，他写的《加强党支部建设，发挥党支部主体作用的新实践与思考》一文，获柳钢集团三等奖。

　　陶柏明切身感受到，通过写作，他建立起了自己的班组管理知识体系。他从一个普通的班组长成长为柳钢集团的班组管理专家，这也为他未来成为企业内训师打下了基础。

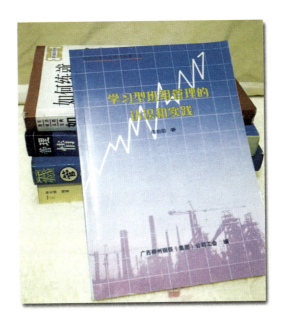

⊙ 上图　陶柏明撰写的班组书籍
⊙ 下图　陶柏明参与撰写的部分书刊

成为企业高级内训师

2002年7月，陶柏明是青年文明号负责人。由于他在创建青年文明集体方面有一些经验，柳钢集团团委领导给他布置了一个任务：在第二期青年文明号负责人培训班上，做一个主题分享，题目是：如何进一步创建青年文明号。

陶柏明接到这个任务后，认真准备，查找资料，列好提纲，做好备课。到了上课的那一天，不知怎的，他还没上讲台就开始紧张了。或许因为一时紧张，他并没有在这节课上发挥出自己的实力。下课后，他对青工部部长说："部长呀，今天的课让我体会到当个老师不容易！"青工部部长说："柏明啊，今天只是个开始，我敢保证，未来的你一定会有更优秀的表现。"

2011年6月的一天，企划部基础管理科的温大姐来到陶柏明的办公室。这一年的新班组长培训班准备开班了，温大姐主讲班组建设，但刚好这个时间她要出差，所以温大姐想请陶柏明帮忙顶课。陶柏明想起自己之前讲课的经历，有些缺乏自信，有些犹豫。温大姐开导他说："柏明，不用害怕，在班组管理方面你是专家，讲所做所写的内容就可以了，这些都是你熟悉的事情，你只管讲你在班组管理上是怎样做的就行了。"

　　陶柏明一听要讲自己是怎么做的，便来了劲头儿，他答应了温大姐顶课的请求。下班回到家，他从书柜中找出有关班组管理的书和自己的总结，开始准备。根据内容准备好授课的主题：卓越班组建设。准备的案例全是他在班组管理中的经历，他把内容制作成演示文稿（PPT）。这些年里，他经常进行演讲训练，也接待过不少来交流的班组和调研的上级领导，有些内容已经讲了无数次，不会再出现多年前第一次上讲台时的紧张。想到这里，他内心充满了期盼。

　　到了上课那一天，陶柏明做到了扫一眼PPT，就能开口讲内容，就像平时交流汇报一样，学员感觉他是脱稿的。半天三节课下来，他觉得非常轻松。这一期培训班结束后，温大姐打电话告诉他："陶老师，我要叫你老师了，你的课很受欢迎！学员说你讲的内容很接地气，学了就能用，而且是不看书不看PPT的脱稿讲课，以后这个班的这个课就由你来上，我终于找到了一个好老师！"

　　这次成功授课，给了陶柏明很大的鼓励。特别是当他听到老师说："培训也是生产力。一个人的成功不算成功，团队的成功才是真正的成功，团队能力的提升就要靠培训。"他决定在培训方面下点儿功夫，把掌握的技能、实践的方法和管理知识教给更多人，他还到书店购买了《企业培训师培训教材》进行学习。此后，新班组长培训班班组建设的课就由他来上，新班组能力提升课也交给了他。

　　到2014年，陶柏明为新班组长培训班授课已有三年，虽然每年学员给他的分都很高，但他觉得自己并没有经过正规的培训师培训，在授课方面还有很多不足。于是带着想取长补短的渴望，他向柳钢培训中心的领导说明了自己的想法。

2014年6月的一天，培训中心的宋书记打电话给他："柏明，南宁有一个培训师的培训，你想去吗？我们培训中心计划安排六名老师参加。"他一听有培训师的培训，连忙说："太好了，我一直想参加这种培训，请帮我报个名吧！"

宋书记说："由于你是兼职培训师，你去的话是需要自费的。"

陶柏明问："多少钱？"

宋书记回答："个人去要2900元，团队参报的价格能便宜一些，2300元。"

陶柏明回答："有幸能够参加培训，自费我也去。"

6月15日一早，陶柏明与培训中心的五名老师约好时间在柳州火车站集合，一起乘火车到南宁参加培训。

他们等车的时候，陶柏明接到了宋书记的电话："陶柏明，你放心去参加培训吧！我把你的事与柳钢集团主管领导刘总汇报了。刘总听说柳钢有这样的员工，愿意自己出钱去参加培训提高能力，回来为企业服务，说要好好保护你的积极性，决定你的培训费用由柳钢集团报销。"

陶柏明一听，很感动，说："感谢领导关心，感谢领导支持！我一定学有所成，回报企业。"

宋书记说："要感谢，先感谢你自己吧！是你的努力和奉献精神感动了我们，你就安心参加培训吧！"

　　到了南宁，陶柏明参加了两天一夜的培训，他学会了培训语言、培训的方法、课程的开发，并顺利拿到了中级结业证书。接受专业的培训师培训后，他讲课的方法不一样了，他在授课时能够熟练使用培训课上讲到的三种语言：理性的语言让学员知道老师在讲什么，感性的语言让学员喜欢听，互动的语言让学员参与。他的授课水平也上了一个台阶。从2014年开始，陶柏明被聘为高级内训师，每年都被评为优秀内训师。

　　2014年9月，陶柏明参加由广西企业培训师专业委员会和广西企业文化委员会共同举办的首届"影响力100强培训师"大赛，获得第47名，被授予"影响力50强培训师"称号。2019年1月，他参加柳钢集团党委举办的支部书记讲党课比赛，荣获一等奖。

　　从2017年开始，陶柏明负责培训中心新班组长培训班的师资。2011年到2021年，他为新班组长培训班培训了2905人，为柳钢集团培训了大批一线管理人才。他还总结了从班组长到车间党支部书记，再到厂工会副主席期间实践过的安全管理方法，写成《日安为赢：班组安全管理实践》，把自己成长成才的方法总结成《四能成事体系》，并申请了国家知识产权保护。他成了柳钢几百名内训师中唯一拥有两门版权课的老师。

　　2022年4月27日，是陶柏明难忘的日子。柳钢集团成立了"工匠学校"，他被聘为"柳钢集团工匠学校执行校长"，成了几万名企业员工的技能"教头"。

⊙ 上图　2019年，陶柏明为党员讲党课
⊙ 下图　2022年，陶柏明被聘为"柳钢集团工匠学校执行校长"

成为新时代工人演讲家

2001年7月，柳钢集团团委举办青年文明号负责人培训班。在培训课上，柳钢集团团委书记要求二十九个柳钢集团青年文明号负责人汇报各自的创建经验。大家都有些胆怯，低着头，没有人敢主动发言。

书记便鼓励大家说："作为一名青年文明号负责人，连当众讲话都不敢，还怎么带领职工完成经济技术指标和生产任务？作为一名优秀的基层管理者，一定要做得，还要讲得。"这些话让陶柏明深受感触。回到班组，他决定把每天班前会的十分钟都当成一次演讲。

为了能够讲好，他每天都会精心准备好第二天的班前会要讲的内容，并写在纸上。为了增强讲话的感染力，他还专门制作了一面镜子，每天在镜子前练习肢体动作，观察自己的姿势。他当众说话的能力慢慢得到了提升，讲话的感染力也增强了。经过多年的自我训练，在2005年4月柳钢集团举办的一场先模演讲比赛上，他轻松地获得了第一名。

2009年，陶柏明获得柳州市劳动模范称号后，一些企业和学校便邀请他去演讲。虽然在演讲这条路上他小有所成，但他没有忘记继续学习，仍然不断提升自己。2011年，他报名参加了在线演讲与口才培训班。2012年，他被授予全国五一劳动奖章后，邀请他演讲的企业和院校就更多了。他想，过去的演讲只是单位组织的，每个人讲十几分钟就够了，如果要讲半个小时，甚至一个小时，该怎样讲呢？既然要讲，那就想办法讲好。

为了提升演讲能力，陶柏明又购买了与演讲有关的书籍，按照书中的方法来练习。但演讲是一种行为，看再多的书，能力不一定会提高，只有不断开口练习，才能得到成长。陶柏明想，如果能有专业老师指导就更好了。

2012年"五一"假期，陶柏明花费四千元到长沙参加了一个演讲与口才培训班。通过培训，他练习魅力声音、肢体动作、态势语言等演讲技巧，大大提高了他的演讲能力。

2014年10月2日，陶柏明作为广西选派的先模代表，到北京参加庆祝中华人民共和国成立65周年系列活动，其间，他到著名演讲教育家彭清一教授家拜访。彭老对他说："能到北京参加劳模活动，不是你自己了不起，而是党为你创造了发展进步的条件，企业为你提供了平台，同事为你提供了支持，要谦虚一点儿。你要好好地总结这次来北京的感受，为什么能来？因为你是劳模，作为一名劳模，要用科学理论武装人，用正确的舆论引导人，用优秀的作品鼓舞人，用高尚的情操塑造人，要传递正能量。一个人的价值，不在于生命的长短，而在于他为国家、社会、家庭做出了多少贡献。做人要有诚信，说了就要做，就如我说让你三点钟到，我三点钟就沏好茶等你了。"

彭老还叮嘱他："在演讲台上不需要用多富有激情的话，就用你最朴实的经历，讲你的艰辛，讲你的付出，讲你的努力。工作要做，就要做得精彩；演讲要讲，就要讲出能量！"在彭老这里，他受益良多，告辞时，彭老进屋拿出一套《演说家论坛》和一本《领导干部脱稿演讲的艺术》，说："你回去听听看看，能提高你的演讲能力。"陶柏明知道，这是彭老对他的鞭策，也是对他的鼓励。他暗暗发誓，一定要在演讲台上讲出能量。

于是，陶柏明在业余时间不断加强训练，晨起读绕口令，登山练气息，对着镜子练面部表情。他还自创肢体动作操，使演讲能力更上一个台阶。他成了柳钢集团先模演讲团副团长，柳州市总工会劳模工匠宣讲团骨干成员，受到柳钢集团内外许多企业和院校的邀请，还成了柳钢党校、柳州市委党校、自治区国资委党校的特邀讲师。他还受邀到广西干部学院、广西大学演讲，弘扬劳模精神、劳动精神、工匠精神，传播社会主义核心价值观。

2019年和2021年，陶柏明两次参加柳州市举办的"中国梦·劳动美"演讲和选拔比赛，均获得第一名的好成绩。他三次代表柳州市参加自治区总工会举办的"中国梦·劳动美"演讲比赛，也都获得了优异的成绩。

2021年中国共产党成立100周年之际，陶柏明被全国机械冶金建材工会选中，参加在浙江嘉兴南湖旁举办的"讲工匠故事，展劳模风采"活动，讲述他成长成才的故事。2021年11月11日，他的梦想实现了，柳钢集团工会授予陶柏明"新时代工人演讲家"称号。

⊙ 上图　2021年，陶柏明在参加"中国梦·劳动美——永远跟党走　奋进新征程"全区职工演讲比赛时留影

⊙ 下图　2021年，陶柏明参加"庆祝中国共产党成立100周年　全国机械冶金建材系统'讲工匠故事　展劳模风采'"主题活动时留影

学习榜样，成为榜样

榜样的力量是无穷的。榜样就是明灯，榜样就是目标，榜样就是我们前行的动力。怎样寻找榜样？陶柏明的原则是先内后外、先近后远、持续提高。

1992年的一天，陶父从煤矿来到柳州看望陶柏明。当陶父得知和儿子一起来的老乡小周到了单位后当上了班长，后来又成为工段的党支部书记，陶父嘱咐儿子："你要好好向他学习，他能够当上班长，又能走上党支部书记岗位，说明人家有目标，而且非常努力。"

陶柏明开始向榜样学习，经常观察周班长的日常生活，工作时的周班长积极上进、不怕辛苦，凡事都想在前面，做在前面；生活中的周班长致力于提升自己各方面的能力，比如坚持练字，每天必须看书看报。因为向周班长看齐，陶柏明获益良多。

1993年探亲回家，陶柏明向父亲汇报了参加工作五年来的情况。父亲很欣慰："你现在是一个班组长了，要对同事们好一点儿，要保证他们的安全，你还要继续努力，向榜样学习呀！"这一次，已经取得很大进步的陶柏明又开始寻找新的榜样！他就是金牌工人许振超。

2004年4月15日，陶柏明阅读发到班组的《柳钢报》，头版头条刊登了一篇文章——《民族复兴的脊梁——记当代工人的优秀代表许振超》，介绍许振超如何由一名普通工人成长为令世界航运界敬佩的一流桥吊专家。"不会就学，绝对不能趴下。""我发誓一定攻克难关。""工人要在岗位上站得住。""天大的困难也要克服。"许振超说的这些朴实而又铁骨铮铮的话，让陶柏明振奋不已。

陶柏明找到了两个人的共同点，都是"卸"。他的榜样卸的是集装箱货柜，他卸的是煤，这两项工作都要抢时间。大家都是普通的工人，都在平凡的岗位上，他决心要向榜样学习。

2004年4月25日，陶柏明到车间开碰头会。在等待的过程中，他拿起《工人日报》。这是2004年4月21日的报纸，里面有一篇文章《知识改变命运，岗位成就事业》，作者正是许振超。陶柏明仔细地看这篇演讲文稿，心中十分激动，他暗暗为自己鼓劲儿：自己也要像许振超一样，成为柳钢的金牌工人。他当即把这篇文稿裁剪了下来，收藏在自己最喜欢的笔记本里，每次重温这篇文稿时，他都能感受到榜样的力量。

陶柏明的心里有一个计划，他称之为"振超计划"，该计划就是向许振超学习。他向榜样学习，总结提炼先进操作方法，在卸车方面做出了突出贡献。他提炼出"五步卸车作业法""卸车切、走、刮、扫'四字'操作法""卸硬煤'五字'操作法"，还总结并实践了许多班组管理方法，带领班组完成了一个又一个生产任务。特别是在卸车方面，一次又一次打破所带班组保持的卸车纪录，创造了"柏明效率"。陶柏明还带领班组成员开展料场管理工作，雨天为料场盖篷布，护煤不流失，暴雨时则抗洪抢险保卸车，诠释了"一生护煤，无怨无悔"的"柏明精神"。他还成立了设备维护小组，做好设备日常维护工作，出现故障参与抢修。

陶柏明还有一个榜样——雷锋，这也是全国人民的榜样。2015年，他参加全国劳模活动期间，购买了两本介绍雷锋事迹的书，一本是《榜样的力量》，另一本是《真实的雷锋》。他看完两本书后热泪盈眶，雷锋精神是他立足自身，为国家、为人民奉献自己的重要支撑，他时时刻刻能感受到这种精神给予他的指引。

陶柏明把雷锋、许振超当成学习的榜样，努力向前奔跑。在奔跑的过程中，陶柏明也成了别人的榜样。2007年、2008年，陶柏明连续两年获得柳钢集团"金牌工人"称号。2012年，他被全国总工会授予全国五一劳动奖章。

⊙ 2012年，陶柏明在庆祝"五一"国际劳动节暨工会开展送
温暖帮扶活动20周年表彰大会上留影

第六章　卓越背后的故事

学而致知，行而致远

知识是从平凡走向卓越的阶梯，实践是卓越诞生于平凡的根基。在陶柏明的职业生涯中，他深切认识到了这一点。

有一次，工段韦书记特地找到陶柏明，对他说："你是高中毕业的，是一个有知识、有文化的人，要好好看书。"陶柏明问韦书记："我们要看什么书呢？"韦书记告诉他："看对工作有用的书，比如安全管理、设备管理、现场管理、质量管理等这些对工作有帮助的书。"

陶柏明听了韦书记的话，下班后就到柳钢的图书馆办了一张借书证，借了三本书，分别是《基层劳动保护》《设备目标管理》《全面质量管理》，利用一切闲暇时间阅读。对于一个想要精读的阅读者来说，借书不如买书，因为借的书不能折、不能画、不能标记，只能记笔记，他便开始购买书籍。

陶柏明阅读了各种专业书后，他的工作能力、技术能力和管理能力都得到了很大提升。他在党校培训时，有一位教授说："读书可以缩短我们实践的时间。"他受到启发并由此制订了自己的读书标准：业务书籍要精读，其余书籍泛读。

陶柏明还是一名普通岗位上的操作工时，他就购买了《如何成为优秀员工》之类的书，为自己树立目标并努力实现。

陶柏明当班组长时，读了很多有关企业管理的书，比如《如何成为一名优秀的管理者》《如何成为优秀的班组长》《优秀的班组长是这样炼成的》。他看的书多了，懂得了更多的管理方法，班组管理也得心应手。他管理的班组被评为"标杆班组"，他也保持了十年"优秀班组长"的称号。陶柏明还总结自己的所学所做，给班组长们讲一些管理的方法，被柳钢培训中心聘为高级内训师。

陶柏明成为高级技师、车间副主任后，需要带领职工围绕岗位进行小改革，他又购买了《创新思维训练与方法》等有关创新思维的书籍，创造性地解决了工作中遇到的很多问题。他总结了一些改革的经验，提炼出一些先进的操作方法，而这些操作方法后来也被广泛运用到各个岗位上。

陶柏明走上车间党支部书记岗位后，又购买了《做最好的党支部书记》《干出好干部》等丰富党务知识、提高管理能力的书籍。通过读书和实践结合，他从一个党建工作的"小白"成长为一名优秀党务工作者。

随着新时代的到来，作为一名党员干部，陶柏明要推进"两学一做"，他第一时间购买了《习近平谈治国理政》第一、二卷，在思想上与时俱进。

陶柏明走上工会副主席岗位后，又开始购买与工会工作相关的书籍，他一直在用理论武装头脑、指导实践、推进工作。

有一位书记曾对陶柏明说："在我们的人生中，其实有很多碎片时间，如果把这些时间利用起来，看几页书，记几个观点，不出三年，你就是一个知识渊博、乐于学习、善于学习的人。出行时，不管是坐飞机还是火车，我们都可以拿出书来读一读。培养在包里放一本书的习惯，未来你们会收获良多。"

陶柏明把书记的话记在心里，落实到行动上。有一次，陶柏明到秦皇岛旅行时，一共七天时间，他带了七本书，在来回的路上，他读完两本，在旅行期间，他读完了四本。

陶柏明曾看过演讲教育家李燕杰老师给大学生们演讲的视频，这句"学生是我师，我是学生友"触动了他。他受此启发，并把这句话引入管理中，把它变成"员工是我师，我是员工友"。他认为管理者除了向书本学习，还要放下身段，谦虚地向员工学习，向基层的先进典型学习。

面对竞争，只有不断学习才能立于不败之地，陶柏明经常参加培训。柳钢集团人力资源部为提高管理人员的综合能力，购买了网络在线培训课程，焦化厂也常组织管理人员进行集中学习，只要陶柏明有时间，他都会参加，并认真记学习笔记。线下课堂学习是他的最爱，集体学习氛围很好，同学之间可以进行交流，不懂的还可以问老师，有机会还能参与教学。

在陶柏明的学习信条里有一句话："走出去，就要有收获！"普通的员工走出去不容易，作为一名有思想、有追求的领导，只要有走出去的机会，陶柏明都会想方设法获得一些新知识、新观念、新思维，以此来提升自己，更好地推进工作。

2003年，创建学习型组织、争当学习型个人的风潮席卷中华大地。柳钢集团的学习、培训、教育活动非常多，员工的学习热情高涨，形成了学习热潮。陶柏明也参加了很多学习培训活动。他最有感触的一门课程是"学习与创新"。通过学习，他开始研究创新思维，并在工作中进行实践。

有一次，陶柏明随柳钢集团领导到杭州钢铁厂参观考察。他认真聆听了杭钢同志的介绍，观察每一个参观点，记录每一句具有指导意义的话。当他们离开时，岗位的操作人员立即把现场打扫一遍，迎接下一个考察团。陶柏明看到现场岗位职工的操作和厂区完善的绿化，想着柳钢的绿化还未达标，黄土随处可见，忍不住感叹杭钢的"厂区一片绿，黄土不露天"，后来，他以此写了一篇考察报告。十年后，柳钢集团也做到了"厂区一片绿，黄土不露天"！这是柳钢集团在追求绿色柳钢方面的成就。

2014年，陶柏明有幸被选为广西唯一的先模代表，到北京参加中华人民共和国成立65周年的系列活动。在北京参加活动期间，他抽空去拜访了中国企业班组管理咨询机构，向他们了解最前沿的班组管理资讯。在与机构交流的过程中，他了解了如何结合班组实际创建五型班组的方法，回来后，他就应用所学指导班组长开展基础管理工作。

知识改变命运，学习成就未来，专学专用让人快速成长。陶柏明连续两年获得柳钢"学习型标兵"称号、柳州市总工会"知识型员工"称号。他在2021年被柳州市总工会聘为"柳州工会职工书屋和阅读活动公益代言人"。

⊙ 上图　2009年，陶柏明在北京参加中国学习型组织高峰论坛
⊙ 下图　2021年，陶柏明（持书者）参加柳钢集团组织的读书节

学习、提炼和总结

机会永远留给有准备的人，这句话也适用于陶柏明。他之所以能够带领班组成员在卸车工作中打破一个又一个纪录，是因为他在卸车方面有绝活，有先进的操作方法。

2002年6月，陶柏明在生产一线当班组长时，柳州市开展征集"工人先进操作法"活动。工段领导把这个任务交给了他，但他从来没有做过这方面的总结，根本无从下笔。他向主管领导曾主任请教，曾主任建议他请教布置这项工作的工会领导。

陶柏明找到当时的厂工会宋主席，向他请教如何撰写，宋主席给他一本中国机械冶金工会编的《冶金工人先进操作法》让他学习。陶柏明回到车间，迫不及待地翻开书，很快就了解了撰写格式。但他还需要知道写什么项目，他又请教曾主任。曾主任说："这好办，你想一下去年获评先进的职工，他们的事迹有哪些？而这些事迹里与操作有关的人员有谁？操作的设备有哪些？在这些人里面，谁的操作水平最高？"

在曾主任的指导下，陶柏明开始思考，他想起一个叫苏宏毅的堆取料机操作工。苏师傅所在岗位上的设备生产故障最少，所以他被评为先进生产工作者。于是陶柏明决定去跟着苏师傅上一天班。到了岗位上，陶柏明发现苏师傅没有急着走进操作室，而是围着堆取料机，左看看右瞧瞧！其间，他还戴上手套，拿着一团棉纱头去抹被粉尘覆盖的设备、油盖、交接点，看看有什么异样。然后进入操作室，跟上一班的同事进行交接，他认真询问上一班的操作工，在作业过程中出现过什么异常，做到心中有数。

接到班组长发出"开始"的生产指令后，苏师傅启动设备，开始认真操作。陶柏明看到他一边操作一边竖起耳朵听设备的声音，还时不时站起身，屏住呼吸向四周设备望去，仔细听声音有没有异常。感觉取料量小的时候，他就停下来及时清理斗轮结煤，保证生产效率。当停机检修时，他就对在开机过程中听到异响或者感觉异常的部位认真细致地检查，必要的，就打开端盖观察润滑情况。

在整个过程中，陶柏明也不时用"应知应会"加"五问"法问一些问题：这台设备曾经出现过什么问题？问题是怎样造成的？问题是如何处理的？问题对机器造成多大损失？问题今后如何避免？这"五问"既是请教，也是考试。苏师傅都能快速回答出来。

通过一天的跟班询问和仔细观察，陶柏明总结出"一看，二听，三查，四注意"的堆取料机操作法。

一看：接班前看堆取煤种计划，以确定堆取点及取煤斗轮"吃料"的深度，确保煤种堆放均匀和达到精煤平铺直取准确，在提高设备效率的前提下，为提高配煤合格率创造条件。

二听：接班时要试运转设备。1. 试听运转频率较高的斗轮、小皮带转动装置运转声音是否正常，有异常及时处理；2. 试听负荷量较大的行走机构运转是否正常，确保行走机构安全。

三查：利用交接班和班中的点检时间进行检查。1. 检查行走轨道两边电缆沟是否积煤，如有积煤及时组织清理，以免拉断电缆，造成事故；2. 检查斗轮、面槽、悬臂铰接处是否异常，以免设备带"病"作业造成事故；3. 检查各润滑点油质和油的情况，保证定质、定量要求，使设备运行状态良好。

四注意：每当启动堆取料机时需集中精力，注意四个方面：1. 作业时注意电缆卷缆是否正常，避免行走与卷缆不同步造成事故；2. 大车进退与取料回转时注意旋扭开关回零位，避免误操作造成事故；3. 料仓煤满时发出的声光信号，做到及时转移作业面或停止作业；4. 加强与其他工种的配合，注意观察配套的主皮带是否停机，避免主皮带突然停机造成堵煤。

陶柏明提炼的这个操作法高效地指导了实践，被柳州市科技局和柳州市总工会评为第一届"十大工人先进操作法"。后来，他还依据苏师傅在操作过程中清扫设备、观察问题的做法，提出了"清扫即点检"设备维护工作法，并在车间班组中推广。他撰写的先进操作法，也成了柳钢集团开展先进操作法活动的范本。

螺旋卸煤机的卸车作业是焦化厂配煤工艺的第一个岗位，也是第一道工序，承担着对来煤火车皮的卸车工作。一天，火车来煤比较多，第三、第四两个卸车作业点的受煤坑同时进车。陶柏明坐在煤管室里，不断协调各方工作：堆取料机在煤场货位待命，各岗位操作工做好准备，清车协作工打开车门、布置妥当，他通知卸煤车司机韦师傅和陈师傅二人及时上岗位操作卸煤机卸车。

才过了二十分钟，负责三煤卸车作业的韦师傅就回到了煤管室。在陶柏明惊讶的目光中，韦师傅说自己已经卸完一组车了。韦师傅卸车的速度很快，引起了陶柏明的注意。

等到再卸车时，他仔细观察韦师傅的操作：清车工清好车皮，关好了门，韦师傅用卷扬机把空车皮带出受煤坑，把新的一组重车对好位，便向受煤坑走去，先从东走到西，查看清车工打开车门后的煤料情况，然后上到卸煤机开始卸车。韦师傅首先在火车皮的中部或一端下一个螺旋，螺旋从中部切一刀下到离车底十厘米的高度后，另一个螺旋接着放下，形成高低形态，往左或往右行走卸煤。螺旋从中部切一刀下到离车底10厘米的高度后，上升到车皮高度的中部，另一个螺旋接着放下，形成高低形态，往左或往右行走卸50厘米至100厘米后，往回、往下刮卸。双螺旋放下至车底25厘米的高度后，从左向右扫，扫到离右边车壁两米的距离时，把右螺旋升起，由左单螺旋卸右车角的煤。从右向左扫时，重复上述要领，一车煤就卸完了。

陶柏明在韦师傅启动螺旋时看了一下手腕上的表，直到卸完整车，再抬起手腕看时间：2分27秒。他不由得赞叹，这样卸车真是又快又稳。下班回到家，他回想着白天韦师傅的卸车过程，总结提炼出"卸车切、走、刮、扫'四字'操作法"。

该操作法在班组内推广应用后，卸车速度加快。2003年10月卸车突破六百个车皮，创下班组月卸车的新纪录。2004年更为突出，全年共卸50多万吨煤，同比增长41%。全年没有出现因卸车慢造成车皮延时。11月11日，班组卸车突破70个车皮的大关，创造了新的卸车纪录。该操作法被评为柳钢集团2004年度公司"绝招、绝活"。

雨季时，煤料在露天料场装车后，经过一路的颠簸，煤被压实，密度增大形成硬块，俗称硬煤。如果干煤在运输过程中遇到下雨，水从煤表面慢慢向下渗透，在上层形成半硬煤。如果是黏结性较大的主焦煤，是湿煤装车的，就会形成全硬煤，卸车工作就更困难了。2008年的雨季，全国多地下雨，而且持续时间特别长，硬煤相应增多，卸车工作十分困难。同时，卸煤机螺旋电机烧坏的情况也比较多，在9月不到20天的时间里，就烧坏了9台电机，卸不下煤不说，还损坏了设备，面对这些困难，厂领导、柳钢集团领导都非常着急，多次到卸车现场调研，提出了各种各样的方案，如接风炮打，设钩机卸车台，螺旋加钩机……

此时，陶柏明也在思考这个问题：设备改造需要较长的时间，在当前这种情况下，怎样才能把硬煤卸下来，又不会损坏设备呢？可不可以从操作上想点儿办法呢？他想起"卸车'四字'操作法"总结的经过，韦师傅在卸车上有一手，在卸硬煤方面是否也有好办法呢？

第二天来的还是全硬煤，陶柏明不动声色地来到三受煤坑卸车点，看韦师傅卸车。观察韦师傅卸硬煤车的操作细节后，陶柏明又开始提炼卸硬煤的操作法，于是"卸硬煤'五字'操作法"诞生了。所谓"五字"，即切、钩、削、刮、扫。

针对卸硬煤，陶柏明还总结提炼了另外两个配套的方法。

第一个是"浮卸法"。他发现，如果卸煤机司机只管自己快速卸车，把煤卸下后，块煤或湿煤掉在格筛上下不来，就需要大量的人工去捅格筛，欲速则不达。

第一步，螺旋卸煤机只卸车内煤的1/3，然后移动到第二个车皮卸煤。

第二步，第一个车皮积在格筛上的煤由人工轻轻捅下，清完后，再去清第二个车皮积在格筛上的煤。

第三步，螺旋卸煤机在两个车皮上往返卸第二层、第三层煤。

用"浮卸法"可以减小堆积在格筛上的煤量，避免一次性卸车造成格筛积煤严重，堵塞轨道清理困难。

第二个是"双螺旋无间隔卸车法"。他发现在卸车的过程中，一台机器从头卸到尾，会碰到一些硬煤，从而影响卸车时间。如果此时另一台机器接着卸，而这台机器可以慢慢打硬煤，因硬煤难卸，它的下煤量较少，但不影响另一台卸煤机所卸煤量。于是他提炼出此方法。

第一步，确认是哪一类煤，无水干煤还是湿煤。

第二步，启动两台卸煤机，从第一个车皮开始卸，当遇到困难时，则用对讲机通知第二台卸煤机，开始同时卸车。

第三步，如车内煤可卸，当第一台螺旋卸煤机卸到底部时，用对讲机通知另外一台卸煤机开始卸车。

用"双螺旋无间隔卸车法"可节约一台机器卸完后的换车时

⊙ 2004年，陶柏明的《卸车"四字"操作法》被评为2004年度公司"绝招、绝活"的证书

间，还可作为一台机器卸煤困难、煤量小的补充，既能提高卸车效率，又能减少皮带系统的空机运行。

这种方法加快了卸硬煤车的速度，大大缩短了火车皮在运输编组站积压的时间，为柳钢集团减少卸车延时成本做出了重要贡献。"卸硬煤'五字'操作法"参加2008年度柳州市科技局和柳州市总工会组织的工人先进操作法评比，被评为"十大工人先进操作法"。

家人是最温暖的支撑

1990年7月的一天，陶柏明的老乡小李来到他房间，邀请他一起到柳钢冰室去喝点儿冷饮。就在这一天，他遇见了未来的妻子苏政英。苏政英是来宾市人，1989年在柳州读医专护理，毕业后就留在了柳州。他们因雪糕和夏天结缘。

经过三年的恋爱长跑，1993年2月17日，在双方父母的祝福中，他们在苏政英户口所在地办理了结婚手续。

婚后，由于苏政英的户口不在柳州市，不符合住房分配条件，陶柏明和两名工友到工厂附近的干休所租了一个两层楼的单元房，四个直套，三套住人，一套做公共厨房。租金二百七十元，每家九十元。当时他们二人每月的收入也就二百七十元，租房就花了收入的1/3。他从单身宿舍搬了出来，苏政英拉着一个皮箱、提着一个桶，就这样开始了家庭生活。

1996年8月13日，陶柏明的儿子出生了。起名时，陶柏明苦思冥想，一边翻字典一边想着儿子可爱的笑脸。儿子是秋天出生的，秋天是收获的季节，是成功的季节，他决定儿子的名字就叫陶秋成。有了孩子后，他给自己设立了一个课题：如何成为一名优秀的父亲？在培育方法上，他决定采取影响教育法来培育儿子。

陶母来柳州帮忙带小孩，家庭成员增加，加上租房子的费用，陶柏明夫妻的收入捉襟见肘。他们结婚以后，就把苏政英的户口从来宾迁到了柳州，满足了分房的条件，面对生活中的困难，陶柏明去找厂领导说明。领导听了，给予他最大的帮助。经历几次搬家后，2000年12月，他们终于搬进了三房一厅。

陶柏明把家庭建设当成事业来经营，在2006年，陶家获评柳钢"五好文明家庭"。2009年陶柏明到北京开会时，在王府井书店买了一套《恋爱婚姻家庭咨询师》培训教材，把书里面的知识在自己家实践。他还总结、提炼了一个方法："上孝下影中包容，家庭幸福乐融融"。

上孝：孝顺父母。

下影：用言行影响孩子。

中包容：夫妻相敬如宾，相互支持、包容和理解。

陶柏明对自己的要求是：成为父母的骄傲，让他们放心、安心，不能让父母为儿女操心，要让他们以儿女为荣。他也确实做到了，他在工作中做出成绩、获得荣誉，父母把封面印有他照片的杂志，以及他到北京参加中华人民共和国成立65周年庆祝活动时，站在天安门城楼观礼台上的照片摆放在电视机下方，每当看电视，就能看到自己有出息的儿子，这是为人父母最大的骄傲。

陶柏明对父母孝顺，对岳父母也一样。岳父母住在来宾农村老家，儿女多在外打工，在节假日或老人生日时，他与妻子一定会赶回去陪他们。田里的农活儿较多，两位近八十岁的老人做不来了，一些农田被迫荒芜。为了能帮上忙，他与妻子在农忙时节会回到农村下田地干活。

在陶柏明的言传身教下，他的儿子也成长为一个优秀的青年。他的儿子在读大学时，学校有一次为一个病重的同学募捐，儿子看了同学的病情介绍后，掏出自己一半的生活费投进捐款箱。那天晚上，儿子和陶柏明聊天时提到了这件事，他说："虽然我少了一半的生活费，但我省吃俭用就可以了，可是这名病重的同学，多筹到一分钱，就多一分治愈的希望。"

陶柏明对工作的忘我投入也影响了妻子。在工作上，在医院做护理工作的苏政英把病人当家人对待，刻苦钻研护理技术。为小孩打吊针是一个技术活儿，为了练习"一针准"的技术，她仔细观察不同小孩的手，用肉眼观察法、拍打法观察血管方位，从而练出了高超的技术，被称为"苏一针"。

2017年，陶柏明家获评广西壮族自治区"第一届文明家庭"。电视台记者来家里采访苏政英："你的丈夫工作那么忙，回来还要看书、学习、写作，没有多少时间做家务，你怎么想？"苏政英不假思索地回答："既然是一家人，谁多做家务都不要紧，要紧的是一家人一条心。我的丈夫将自己献给国家，我全力支持他，没有大家哪有小家！他是我们全家的骄傲，我们也永远是他最温暖的支撑。"

正因为有了家人的支持，所以无论何时，陶柏明都能做到把国家的利益放在首位。

⊙ 上图　2016年，陶柏明三口之家合影
⊙ 下图　陶柏明节假日回老家陪母亲

结束语

1988年，陶柏明进入柳钢。这是他日后成为钢铁战线上技能"教头"的开始。在他几十年的职业生涯里，在平凡的岗位上，他做出了不平凡的成绩；在管理岗位上，他从一个零基础的新人，成长为一名优秀的管理者。2014年国庆节，他与来自全国各地的八十七名劳动模范参加了庆祝中华人民共和国成立65周年系列活动。他感受到了来自祖国温暖而坚定的力量。

在陶柏明的记忆里，站在天安门城楼右侧的观礼台上时，他感受到来自祖先千年前的嘱托，这是绵长的时间给予人类的温情；他也感受到后辈的热切目光，这是未来的新生代献给他的真情。这份沉甸甸的责任是陶柏明一路前行的财富。

生而为人，但求无愧于这个世界。想要进一步实现这个目标，就要做到凡走过的路必留下真善美的光芒。很多人说这就是成功，陶柏明做到了这一点。当他在平凡的岗位上磨炼自己时，他是爱煤护煤的配煤专家、金牌工人；当他走上管理岗位，无论是面对技术改造的难关，还是组织突击队在生产抢险的前线，他都是身先士卒的管理者。为表彰他勤勤恳恳的工作态度和出色的工作能力，2012年4月，陶柏明被中华全国总工会授予全国五一劳动奖章。

陶柏明还是优秀的企业高级内训师，他是在岗班组长写管理书第一人，他将自己能够做到的一切都献给了柳钢这个大家庭。而柳钢也用同样热烈的爱回应陶柏明的赤子之心。

现在，陶柏明是很多人前行的榜样，就像他也曾以雷锋和劳模许振超为榜样奋勇前行一样。什么是榜样？为什么榜样的力量是无穷的？也许榜样就是照亮我们前路的那个人，而指引我们前行的光源里蕴含着充满希望的明天。对陶柏明而言，他始终在路上，为了创造更明媚的未来，也为了曾付出血泪的祖先，他不愿辜负一分一秒去等待。凡是他走过的路，都要为后来的人留下绿荫。而我们更加知道，陶柏明在行路的过程中，早已成为他想成为的那个人。